PRÉCIS

HISTORIQUE

DU SACRE

DE

SA MAJESTÉ CHARLES X.

PRÉCIS

HISTORIQUE

DU SACRE

DE

S. M. CHARLES X,

CONTENANT

Les Détails de cette auguste Cérémonie; avec des Notes & l'État du Logement fait à Reims à cette occasion.

Rédigé, sous les auspices de la Mairie,

PAR C. J. CH. SIRET,

Bibliothécaire de la Ville.

REIMS,

DE L'IMPRIMERIE DE REGNIER,

IMPRIMEUR DE LA VILLE,

RUE DE L'ARBALÈTE, N.º 21.

M. DCCC. XXVI.

Chaque âge est marqué par des époques particulières, qui en relèvent la grandeur & l'éclat ; telle sera pour le nôtre l'époque du Sacre de Charles X. L'histoire la consignera honorablement dans ses pages ; la Ville de Reims l'inscrira dans ses fastes en caractères de feu.

Vingt-neuf mai mil huit cent vingt-cinq, Journée à jamais mémorable, la Ville du Sacre vous salue ! elle vous avoit devancée par l'ardeur de ses vœux ; elle a vivement senti le bonheur que vous lui avez apporté.

Aujourd'hui, dans le récit fidèle et exact qu'elle fait de toutes les circonstances qui vous ont signalée, elle vient, avec l'accent de la vérité, vous payer le tribut de sa reconnoissance.

PRÉCIS HISTORIQUE

DU SACRE

DE

La ville de Reims, dont l'auguste basilique avoit, par une pensée bien digne des Rois très-Chrétiens, obtenu l'insigne prérogative d'être spécialement désignée et choisie par les descendans de Clovis pour y recevoir l'huile sainte et y vouer à Dieu leur royaume ainsi que leur couronne, vient de voir se renouveler un usage qui, jusqu'à l'avant-dernier règne, avoit été en quelque sorte permanent, et dont le rétablissement lui assure le retour de ses anciens jours de gloire et de prospérité.

Frappée, comme toutes les autres cités du royaume, pendant trente années consécutives, par les différens systèmes alors adoptés; la Ville Sainte, la Ville Royale, sembloit avoir été pour cette même raison condamnée à une humiliation complète et absolue.

Toutefois, dans son triste veuvage, elle ne perdit jamais l'espoir, et cet espoir n'a point été déçu. La providence rend tout-à-coup à la France les héritiers du trône de Clovis, les fils de Saint-Louis; aussitôt la ville du Sacre, sort, pour ainsi dire, triomphante de ses ruines, et déjà elle appelle son Roi au pied de l'autel de Saint Remi.

En effet, instruite dans les premiers jours du mois d'avril 1814, que MONSIEUR, aujourd'hui CHARLES X, alors Lieutenant-Général du royaume, se rendoit par la route d'Alsace dans la capitale où il étoit désiré et attendu, elle envoya un de ses principaux citoyens (1) à Châlons, que le prince devoit traverser, pour lui présenter ses hommages et lui exprimer la vivacité de ses espérances. « Dites » à vos concitoyens, répondit le Prince avec la grâce et » la bonté qu'on lui connoît, que l'intention de SA MAJESTÉ » est de se faire sacrer dans votre ville. »

Ce peu de paroles qu'appeloient tous les désirs, fut reçu des Rémois avec la joie la plus vive. Les premiers mouvemens de leur pieuse reconnoissance furent consacrés à Dieu dans son temple, et ils nommèrent sur le champ une députation (2), qu'ils chargèrent d'aller complimenter Monsieur et le remercier de l'heureuse promesse qu'il avoit daigné leur faire.

Louis XVIII rentra bientôt après dans sa capitale. La même députation qui l'y avoit attendu, lui renouvela l'expression des vœux des Rémois et l'assura de leur dévouement et de leur fidélité sans bornes. Sa Majesté lui fit le plus touchant accueil qu'elle accompagna sur l'objet constant des désirs de la ville de Reims, de la réponse la plus favorable.

Depuis lors et dans toutes les circonstances où les habitans de la ville du Sacre furent admis au pied du trône, ils se livrèrent toujours à la douce pensée qui les

____

(1*) Voyez les notes à la fin de l'ouvrage.

occupoit par-dessus tout, en prenant cette honorable qualité que sembloient leur garantir d'une manière plus particulière les promesses sorties de la bouche Royale. Aussi attendoient-ils avec une sainte impatience le moment fortuné où leur monarque seroit au milieu d'eux consacré par le ciel et béni par la terre.

Ils voulurent aussi s'environner de tous les genres de mérite qui pouvoient consacrer de nouveau leurs droits à un si grand honneur. D'abord ils comptèrent au nombre de leurs premiers devoirs de redemander leur ancien et vénéré Pontife, M. de Talleyrand, que Louis le Désiré venoit de rendre au sol françois. De leur côté la mairie et le conseil municipal s'empressèrent de voter le rétablissement des statues de nos Rois qui dans des temps malheureux avoient été arrachées de leurs bases, et tous les citoyens concoururent à l'envi à cette restauration, témoignage public de leur amour et de leur reconnoissance.

Ce ne fut point assez pour eux que leur Monarque pût apprécier toute l'étendue de leur zèle et l'ardeur de leurs espérances. Ils voulurent encore faire partager à la France entière leurs sentimens sur le Sacre de ses Rois et la pénétrer de toute l'importance de l'ensemble, et des accessoires du grand acte politique et religieux, dont ils revendiquoient la faveur d'être, comme leurs pères, les premiers témoins.

Le Sacre fut donc l'objet des recherches de plusieurs d'entr'eux, et l'on vit alors paroître quelques ouvrages (3) qui traitent de cette cérémonie. Tous, en reconnoissant unanimement combien elle est respectable au fond, s'accordent à démontrer que tout ce qui la constitue, est si étroitement lié, qu'on a vu presque tous nos princes s'y conformer, sans omettre aucune de ses parties (4), et que le berceau de la consécration des Rois n'a jamais cessé d'être, comme l'acte lui-même, jugé digne d'une vénération toute particulière.

Le cœur de Louis XVIII ne fut point insensible à tant de marques de dévouement. Il s'empressa de répondre, autant qu'il le pouvoit, aux désirs d'une ville dont les sollicitations s'appuyoient sur des titres aussi éloquens. Le tendre attachement que Sa Majesté portoit à Monseigneur de Talleyrand, ancien Archevêque de Reims, ne lui permit pas de l'éloigner de sa personne ; mais, pour adoucir la perte qu'alloient éprouver ainsi les Rémois, elle prit soin de remplacer auprès d'eux l'homme de sa droite, en nommant pour lui succéder l'ami, l'élève du vénérable prélat, Monseigneur de Coucy.

L'église de Reims avoit repris son rang, la cité avoit recouvré ses ornemens et sa dignité, la ville du Sacre entrevoyoit l'aurore du beau jour qu'elle désiroit depuis si long-temps. Mais la joie devoit bientôt faire place au deuil, et de sinistres avant-coureurs ne tardèrent point à annoncer au Monarque et à ses peuples qu'incessamment ils n'auroient plus que des regrets à exprimer, et la sincérité de ceux que le prince manifesta à cet égard ne peut pas être plus révoquée en doute que la déclaration solennelle qu'il avoit faite de ses intentions pour le même sujet à la face de la Nation (5).

Louis XVIII mourut, emportant avec lui les regrets et l'admiration de son siècle, auquel il avoit imprimé un caractère nouveau de grandeur et de gloire, et laissant à la postérité une œuvre immortelle, gage précieux de sa sagesse et de son amour.

Un frère lui survivoit, éprouvé comme lui par trente années d'infortunes, comme lui chéri des François, au bonheur desquels il a voué son existence, comme lui connu par une inépuisable bienfaisance. Héritier légitime de la couronne, ce prince, CHARLES X, se souvint de ses augustes promesses, et la résolution qu'il avoit prise de recevoir au plutôt l'onction sainte des mains du successeur de Saint Remi, ne fut pas long-temps un secret pour la France.

La ville de Reims n'attendit pas la déclaration expresse du Monarque pour lui manifester les vœux que son avènement au trône lui permettoit de former. A tous les motifs qui l'autorisoient à pressentir de la sorte la volonté Royale, étoit venu se joindre celui d'un devoir particulier que lui prescrivoit la reconnoissance. Le siége archiépiscopal étoit devenu vacant dans le courant du mois de mars précédent, par la mort de Monseigneur de Coucy. Louis XVIII, que l'accroissement de ses souffrances avertissoit d'une fin prochaine, avoit voulu donner en ce moment à la ville de Reims une dernière marque du tendre intérêt qu'il lui portoit, en plaçant à la tête de son église un prélat que ses vertus et ses talens rendoient digne de succéder à tant d'illustres Pontifes et d'être le consécrateur d'un frère, à qui il savoit qu'il étoit cher (6). N'écoutant donc que l'élan qui lui étoit inspiré par des circonstances aussi heureuses pour elle, jalouse d'être toujours en première ligne, la ville de Reims avoit arrêté dès le 20 septembre, l'adresse suivante, pour être présentée à Sa Majesté :

« SIRE, les habitans de votre bonne ville de Reims, dé-
» positaire de tant de souvenirs qui rappèlent les vertus de

» vos augustes aïeux, nous ont envoyés pour porter au pied
» du trône l'hommage de leur amour et de leur fidélité.

» La France en deuil pleure son père; Louis le Désiré
» n'est plus; religieux comme Saint Louis, juste comme
» Louis XII, cher à ses peuples comme le Grand Henri,
» il a réuni en lui toutes les qualités qui ont illustré ses
» augustes ancêtres; il a trouvé dans son noble cœur la
» récompense de tout le bien qu'il nous a fait. Nos re-
» grets, notre reconnoissance seront éternels; notre douleur
» le seroit aussi, si la providence dans son inaltérable bonté
» n'avoit voulu que les vertus que nous admirions en lui,
» brillassent avec un nouvel éclat dans votre auguste personne,
» comme l'apanage de votre Royale Famille. Avec les vœux
» unanimes de la France pour le règne glorieux de votre
» Majesté, daignez, Sire, accueillir celui plus particulier
» de la ville du Sacre. C'est dans ses murs, c'est dans sa
» célèbre basilique que tant de Rois vos prédécesseurs,
» se conformant à un antique usage fondé sur la tradition
» sacrée, ont reçu des successeurs de Saint Remi l'onction,
» qui sanctifie par la cérémonie auguste de la religion
» leur avènement au trône.

« La cité royale sait que la France n'a connu le bonheur
» que sous le règne paternel des Bourbons; quels nouveaux
» transports ne fera-t-elle pas éclater dans cette occasion
» solennelle, qui comblera ses vœux ! »

Une députation du conseil municipal, présidée par
M. le Maire (7), fut chargée d'aller présenter cette adresse
au Roi. Le prince alors tout entier à sa douleur, ne put
la recevoir. Mais il voulut bien accorder quelques jours
après à M. Ruinart de Brimont une audience particulière,
et rien n'égale l'extrême bonté avec laquelle Sa Majesté

accueillit l'adresse dont il étoit porteur, ainsi que le touchant empressement qu'elle mit à lui répondre, en l'assurant qu'elle se rendroit bien volontiers au milieu des habitans de sa bonne ville de Reims, dont elle apprécioit les sentimens.

Le lendemain 8 octobre, M. le Maire, de retour à Reims, convoque le conseil municipal, lui rend compte de l'heureuse issue de son entrevue particulière avec le Roi, et l'invite à former dans son sein, suivant l'usage pratiqué dans les Sacres précédens, autant de commissions qu'il le jugeroit convenable; pour assurer le service public dans les grandes circonstances où la ville alloit se trouver.

Il y avoit déjà quelques jours que le gouvernement lui-même avoit formé une commission, chargée spécialement de présider aux préparatifs du Sacre. Elle étoit composée de Leurs Excellences les Ministres des finances, de l'intérieur et de la maison du Roi, de Monseigneur l'Archevêque de Reims, du premier Gentilhomme de la chambre, du Capitaine des gardes de service, et de M. le Marquis de Dreux-Brézé, Grand-Maître des cérémonies.

Les premières dispositions ne tardèrent pas à se faire de tous côtés. Bientôt M. Mazois, Architecte de la cour, reçut l'ordre de venir à Reims, pour, d'après la levée du plan de l'archevêché, combiner les moyens de rendre à son ancienne destination ce local où se trouvoient établis les tribunaux et les prisons, et en faire un palais digne de recevoir d'abord le Roi et son auguste Famille, et ensuite Monseigneur l'Archevêque.

Cette mission de M. Mazois, ainsi que les opérations dont elle fut suivie, imprimèrent à la ville de Reims un mouvement, dont les effets devinrent encore plus sensibles

par l'activité avec laquelle Monseigneur l'Archevêque et
les autorités locales réunissant leurs efforts, prirent en
même temps les mesures les plus efficaces, pour mettre,
dans le moindre délai possible, l'archevêché à là disposition de l'architecte et de ses subordonnés. Aussi le
déplacement des tribunaux et des prisons ne fut-il, pour
ainsi dire, que l'ouvrage d'un moment. Les uns, d'après
les offres empressées de la mairie, furent transférés
provisoirement dans les salles qui composent la partie
ancienne de l'Hôtel-de-Ville, et en même-temps il fut
arrêté que les autres seroient établies dans la partie
postérieure des bâtimens de l'Hôtel-Dieu, de manière
qu'elles fussent disponibles et entièrement habitables dans
le courant du mois de février 1825.

Vers le même temps, MM. le Marquis de Dreux-Brézé
et le Baron de La Ferté, Directeur des fêtes et cérémonies de la cour, accompagnés de MM. Lécointe et Hittorf,
Architectes de la même direction, étoient venus à Reims,
où les attendoit M. le Préfet de la Marne, dans l'intention de se concerter, conjointement avec M. le Maire,
sur toutes les mesures qu'il convenoit de prendre relati-
vement aux travaux du Sacre, dont il s'agissait de s'occuper incessamment. On arrêta qu'ils commenceroient au
plus tard le 25 novembre. Les 17, 18 et 19 de ce
mois furent employés par M. le Baron de La Ferté à s'assurer de divers emplacemens capables de contenir les ateliers où devoient être confectionnés ou déposés les ouvrages et les décorations destinés soit pour la cathédrale,
soit pour l'archevêché.

M. le Maire offrit, avec son empressement ordinaire,
tout ce qui étoit à sa disposition, l'ancienne maison des

Carmes, occupée maintenant par les frères des écoles
chrétiennes, et celle dite des Magnéuses. On plaça dans
la première la menuiserie de l'intendance des menus, et
dans la seconde le garde-meuble de la couronne. Ces deux
locaux n'étoient pas suffisans; plusieurs autres ateliers étoient
encore nécessaires; et sur l'indication de la mairie, ils furent distribués dans les maisons de quelques particuliers.
Celui des broderies et tentures fut placé dans une maison
de la rue de Gueux, n.º 9; et celui des écuries, selleries et
voitures royales, dans de vastes remises, construites sur
un terrain situé dans la rue du Nouveau-Collège.

D'un autre côté, M. le Marquis de la Suze, Grand-
Maréchal des logis de la maison du Roi, arriva à Reims,
dans les premiers jours du mois de décembre, et il fut
suivi, peu de temps après, de M. le Comte de Geslin,
Maréchal des logis, et de MM. le Comté du Colombier,
du Monchaut, Blanchard et Veytard, Fourriers des
logis. Leur mission avoit pour but d'assurer les logemens de la Cour, des Grands Dignitaires, des Grands
Corps de l'État, des Ambassadeurs des puissances étrangères, et en général de toutes les personnes invitées par
Sa Majesté à la cérémonie de son Sacre; et ils n'eurent
besoin que de se concerter avec la mairie sur les moyens
d'exécution, pour être certains qu'elle seroit suivie du plus
grand succès.

Tous les plans étoient dressés, les projets arrêtés, les
services assurés; les ouvriers et les matériaux arrivoient de
toutes parts, le garde-meuble de la couronne recevoit
journellement des voitures chargées des différens ameuble-
mens qui devoient garnir et orner les appartemens du Roi
et de la Famille Royale; tous les établissemens étoient

ouverts pour les travaux du Sacre, plusieurs étoient déjà en activité; la cité elle-même, entraînée par le mouvement extraordinaire dont elle étoit témoin, s'étoit convertie en un vaste atelier pour réparer ou embellir les logemens dont elle avoit pris en quelque sorte l'engagement public d'offrir l'entière disposition pour le service de Sa Majesté. La cathédrale seule étoit encore libre; elle fut enfin fermée le 27 décembre, et les travaux qu'on avoit jusqu'alors ajournés, y commencèrent dès le jour même de sa clôture.

A dater du même jour, le chapitre métropolitain célébra son office dans la chapelle de la maison dite de Saint-Antoine, nouvellement occupée et restaurée par les religieuses de la Congrégation, à qui elle appartient; et la paroisse de Notre-Dame, s'établit, sous les auspices de Monseigneur l'Archevêque, dans la chapelle de Saint-Nicolas de l'Hôtel-Dieu.

Tandis que toutes ces dispositions garantissoient aux Rémois le prochain accomplissement de leurs désirs, la France entière recevoit publiquement la même assurance de la bouche même de son Roi (8): Aussi dès le 28, M. le Maire convoqua le conseil municipal, et dans cette réunion, consacrée toute entière à la joie et à la reconnoissance, il fût décidé qu'une députation solennelle (9), dont M. le Maire feroit partie, seroit chargée d'aller, au nom de la ville du Sacre, présenter au Roi l'adresse suivante :

SIRE,

« Les mémorables paroles de Votre Majesté, ces paroles
» si pleines d'espoir et de sécurité, n'ont retenti nulle
» part plus vivement que dans nos cœurs.

« L'Aütel antique où Clovis a reçu l'onction sainte,
» s'élève au milieu de notre Temple ; le même sanctuaire
» va bientôt s'ouvrir pour recevoir notre Auguste Mo-
» narque, pour y consacrer l'illustre Successeur du pre-
» mier Roi Chrétien.

« SIRE, nos vœux les plus chers sont accomplis, nous
» aurons le bonheur de contempler les traits chéris de Votre
» Majesté, nous pourrons entourer votre personne sacrée
» de notre amour, de nos respects. Aussi fortunés que nos
» pères, nous ferons retentir les voûtes saintes de nos
» chants religieux, nous y répéterons avec ivresse ces accla-
» mations dont elles ont déjà tant de fois entendu saluer
» vos illustrés Ayeux : *Vivat Rex in æternum.*

« Tels sont, SIRE, les sentimens de la population entière
» de votre bonne Ville de Reims, tel est son profond
» dévouement pour Votre Majesté et son Auguste Famille ;
» permettez-nous d'en déposer les respectueuses expres-
» sions au pied du trône. »

« Nous sommes, etc.

La députation, aussitôt après son arrivée à Paris, avoit
demandé et obtenu une audience particulière de Son
Excellence Monseigneur le Ministre de l'Intérieur, qui lui
fit le meilleur accueil, lui confirma les excellentes disposi-
sitions du Roi à l'égard de la ville, et lui fit part de l'intention obligeante où il étoit de la présenter lui-même au
Roi et à la Famille Royale. Son Excellence Monseigneur
l'Archevêque de Reims, alors de retour à Paris, avoit
daigné de son côté faire à ce sujet les plus agréables propositions.

La présentation eut lieu le 12 janvier, dans le salon
de la paix. Sa Majesté étoit accompagnée de S. A. R.

Madame la Dauphine et des Officiers de sa Maison. M. le Maire, en sa qualité de chef de la députation, eut l'honneur de porter la parole, après en avoir obtenu la permission du Roi, qui prêta la plus grande attention à la lecture de l'adresse de sa bonne ville de Reims, et voulut bien témoigner la satisfaction qu'il éprouvoit, en répondant à M. de Brimont : « J'ai beaucoup de plaisir à » vous voir; je vous charge de dire à vos concitoyens » que je m'estimerai heureux de me trouver au milieu » d'eux, et que j'espère, dans la cérémonie de mon Sacre, » puiser de nouvelles forces pour faire le bonheur des » Français. »

La députation obtint aussi de Leurs Altesses Royales Monseigneur le Dauphin et Madame la Dauphine l'insigne faveur de leur être présentée, et elle en fut aussi bien accueillie qu'elle l'avoit été par le Roi lui-même. La présentation ne put avoir lieu chez S. A. R. Madame, Duchesse de Berry; la mort récente de S. M. le Roi de Naples, aïeul de la Princesse, y mit empêchement.

Avant de quitter Paris, la députation alla prendre congé, en particulier, de S. Ex. M. le Président, du conseil des Ministres, qui lui témoigna de la manière la plus affectueuse la satisfaction avec laquelle le gouvernement voyoit toutes ses mesures secondées si efficacement par la mairie et les habitans de Reims.

Cependant les travaux de la cathédrale et de l'archévêché se suivoient avec activité. Les ouvriers travailloient fort avant dans la nuit, de manière toutefois que la sûreté publique n'en pût être alarmée; elle étoit garantie, par la surveillance continuelle du corps des pompiers, qui constamment sur pied jour et nuit, ont fait preuve d'un zèle et d'un dévouement qui ne se sont jamais démentis.

Aussi M. le Vicomte Sosthène de la Rochefoucault, Directeur du département des Beaux-Arts, ne put-il s'empêcher, lorsque le 20 janvier il visita les différens travaux qui s'exécutoient à Reims, de témoigner aux entrepreneurs combien il étoit tout à la fois satisfait et surpris de les voir déjà si avancés, sans qu'une telle activité eût nui à l'ordre, et au bon goût qui y régnoient, et dont il les félicita.

M. Le Vicomte de la Rochefoucault avoit été amené à Reims par un motif plus impérieux peut-être, et non moins important, la consolidation, de l'église de Saint Remi. Les Rois de France ne manquoient pas, pendant leur séjour à Reims, de se mettre sous la protection de l'Apôtre des Français, et de visiter, dans cette intention, l'église où l'on conservoit ses restes glorieux. Cette basilique si respectable à ce titre, et si célèbre en même-temps par son ancienneté, avoit subi le sort commun aux monumens de la piété des fidèles qui avoient été en apparence épargnés, celui d'être employée à des usages profanes et désastreux, et d'être ainsi exposée par des atteintes journalières et des spoliations de tout genre, à ne plus présenter bientôt qu'un amas de ruines. Elle avoit, il est vrai, été rendue, par le concordat de 1801, au culte catholique. Érigée alors en paroisse, elle vit sa solitude et sa nudité disparoître en peu de temps. Le zèle du pasteur habile qui fut choisi pour l'administrer (10), secondé par les pieux efforts de ses vertueux coopérateurs, les sacrifices de la nombreuse population confiée à leurs soins, les dons multipliés d'une foule de bienfaiteurs de tous les rangs, de toutes les conditions, contribuèrent, il est vrai, et avec une célérité qui tient du prodige, à effacer par quelques ornemens les tristes vestiges du hideux dénuement où se trouvoient réduits son sanctuaire et ses chapelles. Mais au soin de l'embellir auroit dû se joindre celui de la consolider, et chaque jour donnoit la fâcheuse certitude que, plus cette mesure devenoit nécessaire, plus elle offroit de difficultés dans les moyens d'exécution.

Monseigneur l'Archevêque de Reims n'étoit pas moins vivement touché de la situation déplorable d'un temple auquel se rattachoient de si grands souvenirs. Il n'ignoroit pas que Charles X et la Famille Royale voudroient laisser à la postérité le même exemple qu'ils avoient reçu de leurs ayeux, en rendant leurs devoirs à Saint Remi dans son église; et dès ce moment ce prélat ne négligea rien de ce qui étoit en son pouvoir, pour qu'elle fut mise en état de les recevoir. D'abord il résolut de déposer dans une nouvelle châsse, d'un travail plus fini et d'une matière plus précieuse, les reliques de Saint Remi; cette cérémonie se fit le 16 décembre avec toute la solennité dont elle étoit susceptible. Après avoir disposé aussi dignement qu'il le pouvoit ce qui devoit être quelques mois après l'objet de la vénération particulière de tant d'augustes personnages, toujours occupé de la généreuse pensée de servir tout à la fois la cause de Dieu, du Roi et de la ville du Sacre, il s'appliqua tout entier à cette œuvre et concourut puissamment, avec M. le Vicomte de la Rochefoucault, à la restauration d'un édifice religieux, d'où il falloit écarter les moindres alarmes, surtout au temps de la visite royale, en assurant, par une prompte et entière réparation, la conservation du

monument', et 'là tranquillité des fidèles qui s'y réunissoient, ou des personnes pieuses qui le fréquentoient.

Ce double bienfait 'fut obtenu aussitôt que demandé, et
on affecta pour cet objet une somme de 225,000 francs,
payable, un tiers par la ville de Réims, un autre tiers
par le ministère des affaires ecclésiastiques, et le troisième
tiers par celui de 'la maison du Roi.

Cependant l'opération des logemens se poursuivoit, et
pour la conduire avec plus de succès, MM. les fourriers
cherchèrent à l'environner des formes les plus capables
de leur concilier tous les suffrages. Ils agréèrent donc avec
reconnoissance la proposition que leur fit la mairie de
leur adjoindre un certain nombre de citoyens choisis
dans les différentes sections de la ville, qui, par la
connoissance particulière qu'ils avoient des localités, et
n'étant revêtus que d'une mission purement officieuse,
faciliteroient et éclaireroient en même temps leur marche, et
cette nouvelle disposition reçut aussitôt son exécution (11).

Néanmoins la quantité exacte des logemens qu'il seroit
bon de réserver, n'étoit pas encore déterminée ; on savoit
seulement qu'elle pourroit être considérable. Enfin l'envoi
des listes de demandes, dressées à ce sujet par les différens
ministères, fit cesser toute espèce d'incertitude, et quoi-
qu'elles en continssent un nombre bien plus grand qu'on
ne s'y étoit attendu, les difficultés qui pouvoient résulter
de cette circonstance disparurent devant les offres que
firent les habitans, et qui surpassèrent de beaucoup
ce qu'on auroit été obligé de leur demander. Aussi des
documens certains démontrent que les Rémois qui, au
Sàcre de Louis XVI, donnèrent par ordre à 'la cour

cinq cents logemens au‹ plus qui ‹leur ‚furent désignés,
en‹ ont spontanément offert pour célui de Charles. X, ‚et
avec ‚des ressources de moins, celles que présentòient
les anciens monastères, près de onze cents. Ainsi‹ les‹
fourriers des‹ logis et les commissaires qui ‹leur étoient
adjoints ‚‚ n'eurent· que la ‚peine de voir et d'inscrire; il
faut, aussi convenir‹ que leurs manières‹affables et‚ la‹déli-
catesse de ‹leurs procédés rivalisèrent‹ noblement avec les‹
‹bonnes dispositions des citoyens.

Comment donc a-t-il ‚pu se faire que‹ les Rémois, au
moment, même où ils donnoient généralement l'exemple
d'un véritable désintéressement‚‹ se soient vus en ‹butte à
‹à des bruits injurieux‹dont il répugne de chercher ‹le ‚motif? Mais quoi? Le même système ne fut-il pas suivi à
leur égard, lorsqu'il s'agit des vivres, ‚qui certes ne ‹fu-
rent‚ jamais moins ‹chers, mieux assurés et plus abondans
qu'à cette ‹époque? Au reste toutes les personnes qui ont
alors fréquenté ‹leur ville, soit par invitation, soit de leur
propre mouvement‚‹ les ont complètement vengés ‹par‹leur
accord unanime à se ‹féliciter hautement du généreux et
cordial accueil qu'elles‹ avoient reçu ‹et à témoigner à ‹leurs‹
hôtes la plus‹ vive reconnoissance.

Supérieure à cette‹ attaque qui, pour être momentanée,
n'en fut pas moins sensible, la ville de ‹Reims n'y répondit qu'en se montrant ce‹ qu'elle‹ n'avoit‚ jamais cessé
d'être, toujours‹ au niveau de ses‹devoirs. Tout continuoit
d'y être dans‹la plus grande activité. Tandis‹que la mairie
faisoit faire la ‹recherche des monumens historiques ‹qui‹
pourroient lui retracer ce qui avoit été pratiqué en ‹pareille circonstance ‹par ses devanciers, et qu'elle‹méditoit
avec‹ l'attention la plus scrupuleuse les différentes‹mesures

que la ·sagesse lui prescrivoit ;· M. le Préfet, ·dont la vigilance si ·connue sembla se concentrer dans ces grandes conjonctures sur la cité ·de ·prédilection, et M. ·le Sous-Préfet de l'arrondissement de Reims·, magistrat non moins zélé, concouroient par leurs efforts heureusement ·combinés à donner la plus forte impulsion à la ·partie des ·ouvrages qui étoit de leur ressort. Aussi recueillirent-ils bientôt le ·fruit de leurs soins ; l'ancienne maison d'arrêt fut évacuée, ·et ·le ·palais de l'archevêché entièrement déblayé dans les premiers jours ·du· mois· de mars. D'un autre côté la Ville Royale se vit l'objet d'une prévoyance toute particulière de la part du gouvernement. Tous les individus flétris par la ·loi et comme tels condamnés à être surveillés, à qui elle donnoit asile, reçurent du Ministre l'ordre de s'en éloigner. Cette mesure salutaire· s'étendit à ceux que la Justice retenoit dans les fers pour des crimes graves ou· qui· n'étoient pas encore totalement expiés, ou dont la poursuite déjà ·commencée faisoit présumer ·une juste condamnation.

Toutes ces opérations qui excitoient au-dedans l'attention des ·Rémois, furent suivis d'autres mouvemens qui vinrent du dehors frapper leurs ·regards. En effet Reims parut être alors le rendez-vous général des grands fonctionnaires chargés ou de présider aux fêtes et aux cérémonies ou de diriger ·les travaux et les préparatifs du ·Sacre. Ainsi l'on· vit arriver ·successivement ·Monseigneur l'Archevêque, MM. le Vicomte· de la ·Rochefoucault ; le Comte· de Cossé-Brissac, premier Maître de l'Hôtel du ·Roi ; le Baron de Ville-d'Avray, ·Intendant du garde-meuble de la Couronne ; le Marquis de Dreux-Brézé, Grand-Maître des ·Cérémonies ; le Marquis de Rivière, Capitaine des gardes ; le ·Baron

de Glandévèze, Major des gardes-du-corps et le Marquis
de la Suze, Grand Maréchal des logis, qui tous venoient
prendre connoissance de l'état des choses, chacun pour
ce qui regardoit ses attributions, et y faire mettre la dernière main par des ordres ultérieurs ou de nouvelles
instructions.

MM. Sauvage, Quartier-Maître de l'hôtel, dont la commission étoit d'organiser et d'assurer le service des vivres
de la maison du Roi, et Isabey, Peintre de Sa Majesté,
aux talens et aux soins duquel M. le Maire avoit confié
spécialement l'ordonnance et l'exécution des décorations
qu'il conviendroit de faire dans la ville, y arrivèrent
à peu près dans le même temps.

Ce nombreux concours développa plus que jamais le
zèle de la mairie, et dans ses différentes relations avec
les personnes qui en faisoient partie, elle accueillit
toutes les propositions, satisfit à toutes les demandes,
facilita toutes les recherches; en un mot elle ne mit aucune réserve, ni dans ses communications, ni dans ses
services; bien plus, la vue de réunions aussi fréquentes,
le nombre et la qualité des personnes qui les composoient,
l'immensité et la magnificence des ouvrages qui y donnoient lieu, toutes ces considérations firent une vive impression sur elle. Elle comprit que, lorsque tout ce qui
émanoit du trône étoit si grand, si généreux, tout ce
qu'elle produiroit de son côté devoit en porter, le plus
possible, la noble empreinte. Elle ne balança donc point
à se livrer à l'élan que lui inspiroit le spectacle qui
frappoit ses yeux. Le tribut que ses pères avoient toujours payé jusqu'ici autant par amour que par devoir; elle
l'offrit avec le plus entier abandon, et elle ne voulut

mettre à ses dépenses d'autres bornes que celles que la loi jugeroit à propos de lui imposer.

Des arcs de triomphe devoient être dressés, tant à la porte d'entrée qu'à quelque distance de la ville, sur différens points de la route qui y conduit; une suite non interrompue de décorations devoit embellir toute la ligne que parcourroit Sa Majesté, depuis le commencement de la banlieue jusqu'à l'entrée du palais; des banquets devoient être offerts, pendant le séjour du Roi, aux personnes invitées à la cérémonie du Sacre, et toutes ces dispositions exigeoient un éclat et un appareil convenables. Il falloit encore donner des fêtes, et le mode qu'on adopta à ce sujet fut aussi nouveau que celui qu'on avoit arrêté de suivre à l'égard de tout le reste.

La mairie avoit cru devoir, dans cette conjoncture solennelle, s'environner de toutes les lumières; et dans une réunion qu'elle avoit provoquée pour cet effet, elle saisit avec empressement l'idée heureuse, que M. le Préfet suggéra, d'un établissement dont les résultats, utiles pour le département, ne pouvoient qu'être infiniment précieux pour la ville de Reims. Elle pensa donc avec lui que ce seroit doubler aux yeux du Roi et de son peuple l'intérêt et le plaisir de ces fêtes, que de les consacrer par une exposition publique des produits de l'industrie départementale, dont l'éclat particulier seroit encore rehaussé par la présence d'un grand Monarque, qui viendroit les visiter et prendre ainsi place au milieu des arts dont il est le père.

Le mérite de ce projet, que sa source et son motif recommandoient si bien, fut vivement senti par le conseil municipal, qui l'approuva à l'unanimité, agréa de même les autres propositions de la mairie, ouvrit sur le champ à M. le Maire un crédit de la somme de 120,000 francs, et vota en même temps un emprunt de celle de 80,000, destiné, tant à subvenir aux dépenses du Sacre, qu'à compléter la somme qu'on avoit offerte pour la réparation de l'église de Saint Remi.

Le surlendemain, M. le Maire invita le conseil municipal à partager avec la mairie la surveillance de toutes les mesures d'exécution, et à se diviser en autant de commissions qu'il y avoit de services, dont les circonstances faisoient reconnoître l'urgence. Ces commissions furent établies au nombre de six, sous les dénominations suivantes :

1.º *Commission des décors de la porte Neuve, des promenades et des rues où passera le cortège, ainsi que ceux de l'intérieur de l'Hôtel de Ville.*

2.º *Commission des illuminations et fêtes publiques.*

3.º *Commission des distributions gratuites de vivres, et des distributions particulières aux indigens.*

4.º *Commission des banquets, cérémonies et invitations.*

5.º *Commission d'approvisionnement, police et salubrité.*

6.º *Commission des produits de l'industrie.* (12)

Rien ne pouvoit égaler l'importance des soins dont la mairie venoit de se charger. Le zèle avec lequel les membres des commissions récemment organisées s'y livrèrent, eût un plein succès, et leur travail, auquel a concouru si puissamment M. Isabey, ne se fit pas moins remarquer par la maturité avec laquelle il fut conçu, que par la promptitude avec laquelle il fut terminé. Aussi fut-il adopté dans son entier, et toutes les mesures qui y étoient proposées, offrirent en peu de jours la certitude de leur pleine exécution. La construction des portiques où seroient exposés les produits de l'industrie, la conclusion des engagemens imposés et souscrits pour la confection de cet ouvrage, le choix définitif du local qui y seroit affecté; la mise en œuvre des matériaux qui y seroient employés, l'appel aussi pressant que paternel (13) fait par M. le Maire aux manufacturiers et aux fabricans, quel que fut le genre de leur exploitation, pour les engager à contribuer à l'intérêt et à la beauté de l'exposition par l'envoi de leurs produits, en un mot tout ce qui concernoit cette nouvelle espèce d'établissement auquel on donna le nom de Bazar, ne souffrit aucun retardement. Il en fut de même des préparatifs projetés pour les autres services. Les cérémonies et les banquets qui devoient avoir lieu à l'Hôtel de Ville, exigeoient que les nouvelles salles fussent entièrement mises en état d'être occupées et de recevoir les décorations nécessaires, et la Mairie eut encore la satisfaction de voir dans cette partie son zèle efficacement secondé par M. Serrurier, Architecte de la ville; les ordres qu'elle donna à ce sujet en date du 11 avril, furent ponctuellement remplis.

Cependant la ville de Reims apprit que l'emprunt qu'elle avoit voté, venoit d'être, sur la proposition du gouvernement, consenti par les chambres et sanctionné par le Roi.

Quelques jours auparavant, elle avoit, d'après la notification que le Roi en avoit faite lui-même aux deux chambres, connu l'époque précise qu'il avoit plu à Sa Majesté de fixer pour la cérémonie de son Sacre, et le

29 mai fut salué avec enthousiasme par .tous les habitans.

L'annonce de ce jour heureux fit éclater de nouveau leur joië, lorsqu'elle fut répétée dans le mandement donné à cette occasion par Monseigneur 'l'Archevêque de Reims ; mandement digne tout à la fois d'un successeur des Apôtres et d'un défenseur des principes de la monarchie, où après avoir indiqué avec l'accent d'une vive alégressse 'l'époque du Sacre et du· Couronnement de notre Roi Chares X, après avoir dit « que l'origine de cet acte éclatant de religion » remonte jusqu'au berceau de la monarchie chrétienne........ » que,pour comprendre le but et l'importance de cette au- » guste cérémonie, qui fut toujours regardée par les succes- » seurs de Saint Remi comme la plus belle,prérogative de » leur siége et de leur église , il ne suffit pas d'en considérer « l'éclat extérieur........ que la religion a de,plus nobles desseins » et suggère à ses enfans de plus grandes pensées....... ; et que, » dans la fête religieuse du Sacre de nos Rois....... elle veut » rappeler aux peuples et apprendre à ceux que de dangereux » systêmes auroient égarés , que là puissance vient de Dieu, » que les Rois exercent sur leurs sujets la puissance de Dieu » lui-même....... *il continue en ces termes :*

« Oui, les Rois doivent être pour des chrétiens l'image du » Tout-puissant, dont la providence gouverne le monde; mais » les maîtres de la terre doivent aussi se souvenir qu'ils ont » un maître, dans le ciel, qui leur a confié sa justice; et » qu'ils auront à en rendre compte en comparoissant un jour » devant le tribunal du souverain juge des peuples et des Rois: » C'est ce que la religion leur rappèle dans toutes les céré- » monies et les prières qui accompagnent leur Sacre et leur » Couronnement.

» Mais n'allez pas, N. T. C. F., conclure de ces réflexions,

» n'allez pas supposer que nos Rois viennent recevoir l'onc-
» tion sainte pour acquérir ou assurer leurs droits à la cou-
» ronne ; non, leurs droits sont plus anciens ; ils les tiennent
» de l'ordre de leur naissance , et de cette loi immuable qui
» a fixé la succession au trône de France, et à laquelle la
» religion attache un devoir de conscience.

» C'est en vertu de ces droits incontestables que nos
» Rois nous demandent obéissance et fidélité, et c'est afin
» d'obtenir du ciel les grâces nécessaires pour remplir les
» devoirs que ces droits leur imposent, faire régner la justice
« et défendre la vérité , qu'ils viennent rendre par leur
» consécration un hommage solennel au Roi des Rois, et
» placer sous sa protection toute puissante leur royaume
» ainsi que leur couronne. »

De son côté, le gouvernement dont les regards étoient
constamment fixés sur la Ville du Sacre, fortifioit de plus
en plus la douce attente de ses habitans. Il les rendoit
chaque jour, par des ordres qui se succédoient rapide-
ment, témoins de sa propre activité et de sa prévoyance.
D'abord le ministre de la maison du Roi, dont ils ont
reçu si souvent des marques d'une affection toute particulière, leur prouva le vif intérêt qu'ils lui inspiroient,
en prenant auprès de M. le Maire les informations les plus
exactes sur l'approvisionnement de leur cité. Mais les intentions paternelles de Son Excellence avoient été préve-
nues par la mairie, qui s'étoit occupée, avant tout, d'un
point aussi essentiel. Aussi M. le Maire s'empressa-t-il de
répondre à Monseigneur le Duc de Doudeauville, » que
» le but de sa sollicitude étoit rempli ; que la mairie avoit
» pris toutes les mesures nécessaires pour assurer les vivres
» et les subsistances de tout genre dans une proportion

» égale au nombre présumé des personnes qui devoient
» affluer dans la ville de Reims à l'occasion de l'auguste
» solennité qui s'y préparoit; que des souscriptions qui étoient
» consignées dans ses registres, lui donnoient la certitude
» que la ville seroit approvisionnée au-delà de ses besoins
» du moment, et que tout lui faisoit justement espérer que
» la concurrence qu'elle avoit cherché à établir, en invitant
» tous les marchands de comestibles à se rendre à Reims
» pour cette époque, avec la promesse qu'ils y trouveroient
» sûreté et protection, contribueroit tout à la fois à main-
» tenir l'abondance et à empêcher une hausse trop sen-
» sible, qui eût pu avoir lieu sans cette précaution. »

De leur côté les Ministres de l'intérieur et de la guerre préparoient les voies à deux mesures de la plus haute importance. Des ordres furent donnés, d'une part, pour que les autorités compétentes fissent le recueil et un rapport exact de toutes les pièces d'après lesquelles certains coupables, victimes d'une erreur ou d'une passion d'un moment, paroîtroient dignes de la clémence royale et d'être ainsi rendus à la société (14). De l'autre, un officier général fut chargé de venir reconnoître les dehors de la ville, pour choisir le terrain où seroit assis un camp capable de contenir environ dix mille hommes.

La garde nationale se mettoit aussi en état de se montrer digne des regards du Prince chéri, sous les bannières duquel elle se glorifioit encore d'avoir été rangée. Constante et fidèle, elle avoit conservé son esprit, sa composition et sa tenue. Elle se prêta avec ardeur aux désirs de la mairie, qui voulut alors compléter ses cadres, et en peu de jours ses deux bataillons d'infanterie, ayant chacun quatre compagnies de grenadiers, et une de chasseurs, deux compagnies de sapeurs-pompiers, et son escadron de cavalerie, présentèrent huit cents hommes effectifs, aussi bien armés qu'équipés.

Tous, chefs et soldats, n'eurent plus qu'un même sentiment, qu'une même volonté. Leur ambition étoit d'être admis à partager l'honneur de garder le palais et de concourir à la composition des différens cortéges, d'être placés partout sur le passage du Prince, pour ne perdre aucune occasion de le convaincre de leur amour et de leur fidélité; enfin d'être passés en revue par Sa Majesté et de défiler devant Elle. Mais en formant ces vœux, ils voulurent donner en même-temps des gages de leur expérience dans le service militaire. Ils s'exercèrent donc, frquemment au maniement des armes, et redevables déjà à leur zèle et à leur assiduité de l'espoir de paroître avec avantage sous les yeux du monarque et des chefs de son armée, ils y furent entièrement confirmés par les témoignages de satisfaction qu'ils reçurent à ce sujet de M. le Maréchal de Camp Piquet du Boisguy, qui assista à plusieurs de leurs exercices.

Cet Officier général étoit arrivé à Reims le 6 du mois de mai, pour prendre le commandement de la place. M. le Lieutenant-Général Comte Lion, commandant la deuxième division militaire, l'y suivit de près avec son état-major, pour prendre le commandement général des troupes de ligne qu'on y attendoit incessamment.

Le 13, divers employés de la police de Paris s'y rendirent sous les ordres de M. Genaudet, commissaire spécial, délégué par M. Franchet, Directeur de la police générale du royaume, avec la mission d'unir leurs efforts à ceux des commissaires de Reims, et de coopérer avec eux, par une surveillance plus étendue, à la sûreté publique et particulière.

Le 17 commença le passage des troupes qui étoient envoyées pour veiller à la garde et former le cortége du Souverain; elles consistoient en deux divisions, l'une d'infanterie, l'autre de cavalerie. La maison militaire du Roi et la ligne avoient contribué également à leur composition. La garde royale avoit fourni, pour l'infanterie, un bataillon, et pour la cavalerie, un escadron de chaque régiment. L'infanterie et la cavalerie des troupes de ligne étoient formées d'une portion égale des différens corps, qui avoient naguères illustré les armes françaises sous la conduite du libérateur de l'Espagne. Ce passage dura dix jours. Le premier bataillon du premier régiment du génie, chargé de tracer et de dresser le camp, précéda tous les autres, qui, comme lui, ne firent que traverser la ville. L'infanterie se rendoit au camp, la cavalerie dans les villages environnans; les généraux du camp étoient logés dans le village de Cormontreuil. On avoit dirigé en même temps sur Reims cinq escadrons des gardes du corps qui furent casernés dans l'ancienne abbaye de Saint Remi; les gardes du corps à pied de Sa Majesté, un escadron de la gendarmerie d'élite, deux détachemens de la gendarmerie à pied et à cheval de la ville de Paris, deux autres de la gendarmerie à pied et à cheval du département, enfin un détachement du corps des sapeurs-pompiers de Paris, qui tous furent logés chez les habitans.

La mairie, tout en pourvoyant aux différens besoins que pouvoit faire naître cette succession d'évènemens, se hâtoit d'arriver à la fin de ses opérations et de ses travaux. Le Maire et le conseil municipal avoient encore à statuer sur le genre et le nombre des faveurs qu'il conviendroit de supplier le Roi d'accorder à l'occasion de son Sacre, et sur les présens d'honneur qui seroient, suivant l'usage, offerts à Sa Majesté lors de son entrée. La première question, qui avoit été long-temps le sujet de leurs méditations, fut enfin résolue, et ils décidèrent qu'il seroit présenté à Sa Majesté un mémoire contenant les demandes suivantes :

La canalisation de la Vesle en grande section ;

L'intervention de Sa Majesté auprès des puissances étrangères, dont les lois prohibitives nuisent à l'écoulement des vins du pays dans leurs états ;

La diminution des droits perçus dans l'intérieur, qui nuisent à la consommation ;

L'achèvement de la place Royale ;

L'ouverture d'une rue, qui de la rue Royale iroit aboutir, en ligne directe, à l'Hôtel de Ville ;

Le rétablissement des deux facultés de droit et de médecine, des écoles de dessin, de mathématiques et de chimie appliquée aux arts.

Quant aux présens d'honneur, il fut arrêté qu'ils consisteroient, suivant l'ancien usage, en huit corbeilles contenant chacune deux douzaines de bouteilles de vin de Champagne, et trois autres corbeilles contenant chacune du pain-d'épice et trois boîtes de poires de rousselet sèches.

Enfin le conseil municipal, après avoir satisfait à ses obligations envers la chose publique, s'occupa de lui-même en particulier. Informé qu'il accompagneroit la mairie dans les différentes réunions publiques qui alloient avoir lieu, il lui parut convenable de se conformer à ce qui s'étoit pratiqué dans les Sacres précédens, en adoptant un costume distinctif, et il décida que chacun de ses membres porteroit dans toutes les cérémonies et notamment à celle du Sacre, l'habit français, la fleur de lys d'or sur la poitrine, et l'épée.

On étoit presque parvenu au terme depuis si long-temps désiré. Cependant l'autorité, toujours plus active, éveille de toutes parts l'attention, communique son ardeur, exalte les sentimens.

Monseigneur l'Archevêque en donne le premier l'exemple. Plein de respect pour un monument auquel les descendans de Clovis avoient toujours attaché autant de prix que les successeurs de Saint Remi, il avoit résolu de rendre la Sainte Ampoule à son ancien usage, en faisant de ses débris précieux et authentiques une partie intégrante du Saint Chrême, qui devait servir dans quelques jours à l'onction royale. Mais il voulut que ce pieux projet fût auparavant sanctionné par un acte public et solennel, qui ne laissât aucun doute, et dont l'autorité fût irréfragable. Il réunit donc le dimanche 22 mai, dans la chapelle de Saint Antoine, à l'issue de la messe canoniale, le chapitre, le clergé de la ville et notamment celui de Saint Remi, accompagné des administrateurs de la fabrique de cette parcisse, les autorités civiles et judiciaires et les anciens dépositaires des restes de la Sainte Ampoule. (15) Alors, en présence de tous, il opéra la transfusion de l'ancien baume liquéfié dans le chrême récemment préparé, et après avoir renfermé le nouveau mélange dans un riche reliquaire ; il termina cette intéressante séance par un procès-verbal qu'il en fit rédiger, et qui fut signé par tous les assistans.

M. le Préfet de la Marne, également impatient de ré-
pandre autour de lui le zèle qui l'enflammoit, ne tarda
point à produire aux yeux des habitans de son département, la vive émotion que lui faisoit éprouver la douce
pensée du bonheur qu'il partageroit bientôt avec eux, et
il le fit en ces termes :

Messieurs,

» Vous êtes appelés à un bonheur que le reste de la
» France vous envie. Charles X se rend, suivant l'antique
» usage, dans la ville de Reims. C'est-là que, comme ses
» prédécesseurs, il va recevoir l'onction sacrée, et jurer au
» pied des autels de se dévouer tout entier à la grande
» famille des français. Sa Majesté arrivera le 27 du cou-
» rant à Fismes, où elle doit coucher. Les autorités du
» département iront l'y recevoir. Le 28, Sa Majesté entrera
» à Reims ; la cérémonie du Sacre aura lieu le 29.

» Le roi voudroit dans ce jour solennel, être entouré
» de tous les habitans du département de la Marne, ou
» plutôt de tous ses sujets. Mais, dans la nécessité de
» faire un choix, des places sont assignées à MM. les Maires
» des communes en particulier. L'honneur accordé à ces
» magistrats dans une circonstance aussi mémorable, sera
» la récompense du bon esprit qui les anime et un té-
» moignage de l'estime que fait le roi de leur zèle désin-
» téressé.

» Le 30 et le 31, Sa Majesté restera encore au milieu
» de vous, c'est-à-dire, accordera ces journées aux inspi-
» rations de son cœur. Ces jours seront marqués entre
» vos jours prospères. Quel prince en effet, accorda
» jamais à sa présence un charme comparable à celui

» qu'on éprouve devant CHARLES X ? Qui reçut jamais
» une misssion plus glorieuse et plus douce ? Il lui étoit ré-
» servé de venir, au nom de la religion de nos pères,
» renouer la chaîne des temps que nos divisions fatales
» avoient interrompue; raffermir le sol de la France
» d'un long ébranlement, y réveiller l'orgueil des nobles
» souvenirs et la pratique des anciennes vertus: Déjà, par
» ses exemples et ceux de sa famille, ces vertus renais-
» sent et refleurissent sous le beau ciel qui vous vît naître.
» L'amour et la reconnoissance vous porteront sur les pas de
» votre Roi ; vous voudrez pouvoir dire un jour à vos
» neveux, ce que vous aurez éprouvé en contemplant
» sur le front de CHARLES X l'empreinte d'une bonté
» inaltérable, une douce majesté, tout ce qui attire les
» cœurs et les retient à jamais. »

Cette proclamation fut suivie de deux arrêtés que prit
le même magistrat les 25 et 27 mai, concernant les mesures d'ordre qu'on auroit à observer, soit les jours de
l'entrée et du Sacre de Sa Majesté, soit à l'occasion de
la cérémonie du Saint-Esprit, des réceptions au palais, de
la cavalcade à Saint-Remi, de la revue des troupes au
camp et de la visite des produits de l'industrie.

Ces deux arrêtés furent publiés et affichés dans tous les
quartiers de la ville, par les soins de la mairie. Il en fut
de même d'un avis par lequel M. le Maire, donnant à connoître
que les édifices publics seroient illuminés pendant les nuits
des 28, 29, 30 et 31 mai, et que les promenades le seroient également pendant la nuit qui suivroit la visite au
Bazar, invitoit les habitans à illuminer en même temps
les façades de leurs maisons.

Bientôt M. le Maire de Reims, éprouve à son tour le besoin

d'exposer ses pensées aux regards de ses concitoyens:
Convaincu par tout ce que la ville vient de faire, que l'ardeur
dont elle est animée n'a besoin que d'être entretenue, il lui
parle d'elle, de ce qu'elle fut autrefois, de ce qu'elle est
encore aujourd'hui, et lui retrace, dans la proclamation
suivante, le tableau qu'elle va offrir à la France entière
réunie dans ses murs.

MESSIEURS ET CHERS CONCITOYENS,

« Samedi prochain 28 Mai, Sa Majesté fera son entrée
» dans nos murs; ce moment si désiré par vous, approche,
» et vous allez pouvoir manifester vos sentimens d'amour
» et de dévouement pour notre bien-aimé Monarque.

» Dépositaire d'illustres souvenirs, la ville de Reims
» souvent héroïque, toujours fidèle, s'est empressée dans
» toutes les circonstances de servir ses princes, de voler
» à leur défense et de leur donner des preuves éclatantes
» de son amour.

» Ainsi, l'on vit sa milice commandée par le brave
» Pierre de Rains, soutenir seule le choc de l'ennemi,
» et décider la victoire de Bouvines.

» En 1248, un Baudouin, de Reims, protéger par son
» mâle courage le débarquement de Saint Louis sur les
» côtes d'Afrique.

» Ainsi, l'on vit toute la population, en 1359, sup-
» porter les fatigues d'un siége long et pénible, contre
» une armée de 150,000 hommes, et assurer le salut de
» la France.

» En 1429, Jean Cauchon rendre les services les plus
» signalés à Charles VII.

» Antoine Frémyn, Eustache de la Salle, soutenir et

» défendre au milieu des plus grands dangers la cause de
» Henri IV.

» Colbert, se consacrer par ses veilles et, ses travaux
» à la gloire du règne de Louis XIV.

» Et Tronsson du Coudray, devenir le digne émule
» des Dèsèze et, des Malesherbes.

» Vous êtes, mes chers concitoyens, ce qu'étoient vos
» ayeux, vous avez leurs sentimens.

» Vous ne leur cédez pas, habitans de la ville du Sacre,
» en zèle et en dévouement, pour vos Princes; vous ve-
» nez d'en donner des preuves par votre empressement à
» recevoir les personnes invitées par le Roi; vous en
» donnerez encore par l'accueil que vous leur ferez. Le
» Roi connoît vos sentimens pour sa personne sacrée; il
» m'a chargé de vous le dire. Ce sera un moment bien
» heureux pour moi que celui où je pourrai, en présen-
» tant à Sa Majesté les clefs de cette ville, être de nou-
» veau, auprès d'Elle, votre interprète. C'est dans cet
» instant que l'accent de vos sentimens s'unira aux miens
» pour lui marquer le bonheur que nous éprouvons, en ré-
» pétant mille fois, VIVE LE ROI ! VIVENT LES BOURBONS ! »

Ces paroles si touchantes et si vraies, qui contenoient
des rapprochemens si honorables, furent reçues par toute
la cité avec les transports qu'il étoit juste d'en attendre.

Les habitans ne furent pas moins sensibles à d'autres
souvenirs que M. le Maire s'empressa de leur rappeler,
et qui, sans réunir autant d'éclat, étoient aussi glorieux.
Il en avoit conçu depuis long-temps le projet, et une
commission instituée par ses soins en poursuivit alors avec
lui l'exécution. (16) Bientôt ses vues furent remplies, et, au
même instant que les anciennes inscriptions des portes

Bazée et aux Férons furent rétablies, des inscriptions nouvelles, retraçant à la ville de Reims des époques mémorables pour elle, furent placées au-dessus de la maison
qui reçut la famille de Jeanne d'Arcq, au Sacre de
Charles VII, de celles qui virent naître les Colbert et les
Pluche; et enfin au-dessus de la fontaine dédiée à la mémoire du généreux et bienfaisant Rémois, Jean Godinot.

Vivement frappés à la vue de toutes ces dispositions,
les habitans ne le furent pas moins du mouvement général
et extraordinaire qui se fit bientôt sentir dans la ville.
Des flots de citoyens et d'étrangers remplissoient les rues
et les places publiques ; l'encombrement augmentoit à
chaque instant par l'arrivée continuelle d'une foule de
voitures de toute espèce qui se succédoient avec une
étonnante rapidité, amenant la musique de la chapelle du
Roi, l'argenterie et le mobilier précieux de la couronne,
les officiers de la maison du Roi, chargés de présider
aux dernières dispositions à faire dans le palais, enfin les
personnes de tout rang et de toute qualité qui venoient,
soit d'elles-mêmes, soit par invitation, assister à l'auguste
solennité.

La voiture du Sacre et les carrosses de cérémonie des
princes avoient précédé toutes les autres.

La journée du 27 offrit un spectacle aussi varié et plus
brillant encore. Elle fut en particulier remarquable par
l'arrivée des derniers corps de l'armée, qui, traversant la
ville, comme les premiers, pour se rendre au camp, furent
salués par des cris de joie qui n'étoient que le prélude
de ceux du lendemain. Mais ce qui doubla le prix de cette
journée aux yeux des habitans, ce fut surtout le bonheur
qu'elle leur procura de contempler les traits de Madame

·là Dauphine et de Madame, Duchesse de Berry; qui arrivèrent presque en même temps, quoique par deux routes opposées, et descendirent au palais. Monseigneur le Duc et Madame la Duchesse d'Orléans, ainsi que Monseigneur le Duc de Bourbon, arrivèrent aussi dans la soirée du même jour.

Le 27 mai étoit, à un autre titre, bien recommandable aux yeux des Rémois. Dans cette journée, le Roi atteignant la limite du département de la Marne devoit honorer de sa présence la ville de Fismes, plus fière que jamais de s'offrir sur son passage. Le bonheur de Fismes touchoit Reims de près, il lui annonçoit le sien.

Un arc de triomphe étoit construit en avant de Fismes; sur la frise de l'entablement on lisoit ces mots : A CHARLES X, LE DÉPARTEMENT DE LA MARNE. Sa Majesté y arriva le 27 à quatre heures; Elle y étoit attendue par Monseigneur l'Archevêque de Reims, M. le Comte Lion, Lieutenant Général commandant la deuxième division militaire; M. le Baron Delcambre, Maréchal de camp, commandant le département; M. Leclercq, Sécrétaire-général de la Préfecture, M. le Comte de Gestas, Sous-Préfet de l'arrondissement de Reims, M. Ruinart de Brimont, Maire de Reims, M. le Chevalier Delamotte-Barrachin et M. le Baron de Haussay, tous deux membres du conseil municipal de cette ville, ayant à leur tête M. le Baron de Jessaint, Préfet de la Marne, qui adressa au Roi le discours suivant :

'Sire,

« L'antique cité où Clovis fut consacré au christianisme,
» et à la royauté vous attend. Depuis cette époque si

» féconde, treize siècles ont passé sur la monarchie, et
» à votre avènement au trône vous le trouvez jeune en-
» core de gloire et d'espérance. La Religion, en embras-
» sant dans sa faveur le royaume très-chrétien, semble le
» faire participer de sa perpétuité. L'amour des peuples,
» qui se reproduit d'âge en âge, ajoute ses trésors à tant
» de souvenirs imposans et à ce merveilleux triomphe
» sur le temps.

» Oui, Sire, vous allez entendre les acclamations des
» fils de ceux que commandoit Clovis et qu'instruisoit
» Saint Rémi. Ils accourent, avides de contempler sur
» votre visage l'empreinte de vos royales vertus. Ils élè-
» vent leurs voix jusqu'au ciel, à la vue du Monarque
» qu'ils attendoient si ardemment. Je ne peux être ici que
» l'organe de leur impatience; car ces cris, cette ivresse
» d'un grand peuple, sont le seul langage qui ne soit
» point au-dessous du Roi de la vieille France et de
» l'auguste cérémonie qui l'attire au milieu de nous! »

Complimentée de nouveau à la porte de Fismes, par
M. Barbey de Chambrecy, Maire, qui lui en présenta
les clefs, à la tête du conseil municipal et de la garde
nationale, Sa Majesté traversa la ville au pas, au milieu
des acclamations, jusqu'à l'hôtel qui lui avoit été préparé
et où elle coucha, suivant l'usage, ainsi que son auguste
fils, Monseigneur le Dauphin.

Le soir, les autorités du département, le Maire de
Reims et les deux membres députés par le conseil municipal, que le Roi avoit daigné admettre à sa table, retour-
nèrent à Reims. Fismes fut illuminée, et Sa Majesté céda
plusieurs fois aux désirs du peuple, en se montrant au
balcon de son appartement.

Le lendemain, le Roi assista à la messe dans l'Eglise du lieu. La pluie tomboit par torrens. Néanmoins, par condescendance pour les habitans qui avoient témoigné le désir de le voir de plus près, Sa Majesté y alla et en revint à pied, ayant à ses côtés le Maire, qu'elle daigna inviter à déjenner à sa table, avec le commandant de la garde nationale.

Enfin Sa Majesté, accompagnée de Monseigneur le Dauphin et de sa suite, quitta Fismes, et dirigea sa marche vers Tinqueux, village situé à gauche de la grande route, à une demi-lieue environ de Reims, où elle devoit se reposer quelques instans dans une maison de campagne, qui appartient au grand séminaire, et monter ensuite dans la voiture du Sacre qui l'y attendoit. Monseigneur le Duc d'Orléans et Monseigneur le Duc de Bourbon, s'y étoient rendus d'avance dès le matin, pour l'y recevoir.

Mais tout-à-coup un accident grave répandit les plus vives alarmes. Au moment du départ de Fismes, une forte détonation des batteries de l'artillerie de la garde, dont le bruit fût doublé par un écho très sonore, effraya tellement les chevaux de la voiture où étoient les Ducs d'Aumont et de Damas, les Comtes de Cossé et Curial, que ces chevaux prirent le mors aux dents et entraînèrent avec eux dans un ravin profond la voiture et les quatre voyageurs, dont deux, le Comte Curial et le Duc de Damas, furent très-grièvement blessés. Les huit chevaux de la voiture du Roi, effrayés à leur tour, s'emportoient déjà; la crainte et l'alarme étoient à leur comble. Mais *la providence étoit là* (17); grâces immortelles lui en soient rendües, le Roi et l'héritier de la couronne furent bientôt hors de danger.

Sa Majesté, dont cet accident avoit retardé la marche, arriva à midi à Tinqueux. Le soleil l'y attendoit, et ses rayons, après avoir salué son arrivée, l'accompagnèrent le long de la route qu'elle avoit encore à parcourir, jusqu'à son palais. Au bout d'une demi-heure de repos, le Roi monta dans la voiture du Sacre, qu'on avoit dès dix heures du matin amenée de Reims avec les carrosses de cérémonie des princes. Sa Majesté portoit l'uniforme de Colonel Général; Elle avoit à côté d'elle Monseigneur le Dauphin, et vis-à-vis, Monseigneur le Duc d'Orléans et le Duc de Bourbon. Immédiatement après, le cortége se mit en marche.

La marche étoit ouverte par les états-majors, suivis de la cavalerie de ligne et de la garde nationale à cheval de Paris, de Reims et du département.

Venoient ensuite le carrosse de Monseigneur le Duc de Bourbon, traîné par huit chevaux bais, avec des harnois noirs brillans d'or, et celui de Monseigneur le Duc d'Orléans, traîné par huit chevaux blancs pommelés, avec des harnois de maroquin rouge également décorés; les chevaux des deux voitures portoient des aigrettes entourées de panaches blancs.

Suivoient deux escadrons des lanciers et des hussards de la garde royale;

Deux carrosses de service de Monseigneur le Dauphin;

Deux carrosses de service de Sa Majesté; dans le second se trouvoit M. le Prince de Talleyrand, Grand Chambellan;

Un escadron des gardes du corps;

Les pages du Roi;

Le grand-maître, le maître et les aides des cérémonies, à cheval;

Les écuyers de Sa Majesté accompagnant les chevaux du carrosse du Roi;

La voiture du Sacre qui, attelée de huit chevaux magnifiques agitant fièrement leurs têtes ornées d'aigrettes et de panaches d'une blancheur éblouissante, laissoit voir jusqu'à mi-corps le Roi et les Princes de sa famille;

Derrière la voiture, quatre escadrons des gardes du corps;

Un détachement de la gendarmerie d'élite;

Quatre escadrons de cavalerie de la garde royale, les grenadiers, les cuirassiers, les dragons et les chasseurs;

Le cortége étoit fermé par les gendarmes à cheval de la ville de Paris et la grosse cavalerie de la ligne.

L'artillerie étoit placée à des distances égales à droite et à gauche de la route, l'infanterie formoit la haie des deux côtés; à droite celle de la garde royale, à gauche celle de la ligne.

En face de Tinqueux, et à l'embranchement de la grande route, étoit un arc de triomphe, d'architecture gothique, où, dans un bas relief, on voyoit représenté le Sacre de Clovis, et dont l'inscription portoit : A CHARLES X, L'ARRONDISSEMENT DE REIMS.

Il étoit juste que les quatre autres arrondissemens du département concourussent aux hommages publics, que celui de Reims, par l'avantage de sa position, alloit rendre à son Roi. Aussi, de l'arc de triomphe élevé pour l'arrondissement de Reims jusqu'à la porte de la ville, on en rencontroit quatre autres en feuillage, différens par la forme, sur lesquels on lisoit pour inscriptions :

ARRONDISSEMENT D'ÉPERNAY, — DE CHALONS, — DE VITRY-LE-FRANÇOIS, — DE SAINTE-MENEHOULD.

Tous ces arcs étoient pavoisés de drapeaux au chiffre et aux armes du Roi; et sous chacun d'eux, le Sous-Préfet, le Maire du chef-lieu et un détachement de la garde nationale attendoient le Roi à son passage.

Une idée, non moins ingénieuse, et qui fait autant d'honneur aux autorités qui l'ont conçue, qu'à M. Isabey qui l'a si bien exécutée, avoit présidé aux dispositions prises pour faire participer aux mêmes honneurs toutes les communes de l'arrondissement de Reims. Entre les arcs de triomphe des cinq arrondissemens, à droite et à gauche de la route se trouvoient réunies les autorités municipales des cent quatre-vingts communes de l'arrondissement de Reims, composées des Maires, des adjoints et des membres des conseils municipaux. Des poteaux portant des écussons qui indiquoient le nom de chaque commune désignoient leur place. Entre ces poteaux, des colonnes, surmontées de branches de pin, offroient des écharpes d'étoffe de diverses couleurs, qui y étoient suspendues en forme de guirlandes, et que de jeunes filles, accompagnées du Maire de leur commune et vêtues de blanc, soutenoient, paroissant ainsi offrir au souverain les produits de l'industrie locale.

Le cortége étant arrivé au premier arc, M. le Comte de Gestas, Sous-Préfet de Reims, à la tête des Maires des communes de son arrondissement, adressa au Roi le discours suivant :

Sire ,

« C'est dans les contrées où la France devint chré-
» tienne ; c'est au pied de l'autel où fut sacré Clovis, où
» les ayeux de Votre Majesté ont reçu l'onction royale,
» que le Dieu de Saint Louis semble se plaire à verser ses
» plus abondantes bénédictions sur les Rois que sa bonté
» nous donne.
» Du même autel aussi partent plus puissantes les ins-
» pirations d'amour dont sont animés tous les français
» pour Votre Majesté et pour son auguste dynastie, et
» ce sont surtout les habitans de l'arrondissement de Reims,
» qui, placés à la source même de ces inspirations sacrées,
» y puisent les sentimens de fidélité, de dévouement sans
» bornes et de profond respect qu'ils déposent, par mon
» organe, aux pieds de Votre Majesté.
» Sire, le ciel entendra leur cri de VIVE LE ROI!
» VIVE CHARLES X! »

Ce cri si cher à tous les cœurs fut répété avec enthousiasme.

Sa Majesté a répondu «qu'Elle étoit sensible aux marques
» d'affection que venoit de lui exprimer M. le Sous-Préfet. »

Le cortége poursuivit sa marche au milieu d'une population nombreuse qui se portoit en foule sur le passage,
avec l'agitation de la joie, mais sans désordre, toujours
avide de voir le Roi, jamais rassasiée de l'avoir vu. A
des épanchemens aussi libres et aussi vrais, CHARLES X
a sans doute reconnu *ses bons Champenois* (18).

Enfin le cortége est aux portes de Reims, la Ville du
Sacre n'a plus rien à envier aux autres cités du monde;

elle va recevoir son Roi, et avec lui le gage de son bonheur et de sa gloire.

Depuis le matin, de nombreux préparatifs le lui annonçoient; chaque instant lui en apportoit une nouvelle assurance. Une foule immense remplissoit les rues; des équipages brillans se réunissoient sur les différens points du passage. Au mouvement général des troupes, qui du camp se rendoient à travers la ville dans la campagne, se joignoit celui de la garde nationale, non moins empressée d'aller occuper le poste d'honneur qui lui avoit été désigné. En un mot, tous les cœurs voloient au-devant de Sa Majesté.

Madame la Dauphine et Madame, Duchesse de Berry, accompagnées de Madame la Duchesse et de Mademoiselle d'Orléans, venoient aussi de se rendre à des appartemens, qui leur avoient été réservés (19), pour jouir du magnifique spectacle de l'entrée du Roi, lorsque tout-à-coup le son des cloches et les salves de l'artillerie annoncèrent que tous les vœux étoient comblés.

La belle grille en fer de la porte de Vesle, par où Sa Majesté devoit faire son entrée, et qui s'élève avec toute la noblesse d'un arc de triomphe, avoit été peinte et dorée. Elle étoit ornée de trophées et des attributs de l'industrie agricole et manufacturière, et, sur deux écussons qui y étoient attachés, on lisoit cette inscription :

A CHARLES X, LA VILLE DE REIMS.

Il étoit environ midi, lorsque le cortége arriva à cette porte. M. le Maire de Reims, qui y étoit en station à la tête de la mairie et du conseil municipal, s'avança aussitôt. Il présenta les clefs de la ville au Roi, qui les prit, et les remit à son capitaine des gardes, et M. le Maire adressa ensuite à Sa Majesté le discours suivant :

« SIRE,

« Heureux de pouvoir être auprès de Votre Majesté
» l'organe des sentimens qui animent les habitans de la
» ville de Reims, je sens mieux que je ne puis exprimer
» l'élan que votre auguste personne excite en ce moment
» dans cette grande cité.

» Daignez, Sire, recevoir les clefs de votre bonne ville
» de Reims; c'est l'amour, c'est la fidélité qui s'empressent
» aujourd'hui, comme dans tous les temps, de vous en
» faire hommage.

» Tous nos cœurs sont à vous, Sire, ils le sont à ja-
» mais; et dans ce moment, où nous avons le bonheur
» de contempler les traits de notre Roi bien-aimé, il ne
» nous reste plus qu'à adresser des vœux au Tout-puissant
» pour qu'il répande toutes ses bénédictions sur Votre
» Majesté, et qu'il lui accorde de longs jours pour le
» bonheur de la France. VIVE LE ROI! »

Sa Majesté a répondu :

« Monsieur le Maire, je suis touché des sentimens que
» vous m'exprimez; je désirerois avoir la voix assez forte
» pour être entendu de tous les bons Rémois et de tous
» les François, et pour leur faire connoître la vive émo-
» tion que j'éprouve en ce moment.

» Je prierai le Tout-puissant, dans la cérémonie de mon
» Sacre, de doubler mes forces pour assurer le bonheur
» de mon peuple. »

Sa Majesté fit alors son entrée dans la ville au milieu

des acclamations générales, et au son des fanfares et de la musique des différens corps qui composoient le cortége.

Une décoration ingénieuse, qui avoit encore l'avantage d'indiquer l'espace réservé à la pompe royale, remplaçoit dans les rues du passage les tapisseries dont l'usage fut interdit d'une manière si touchante au Sacre de 1775 (20). Depuis la grille, le long des rues de Vesle et de la Poissonnerie, jusqu'au parvis de la cathédrale, s'élevoient à droite et à gauche des ceps de douze pieds de hauteur, entourés de feuillages unis par des guirlandes et surmontés alternativement de drapeaux fleurdelisés et de touffes de lys en fleurs. Cet ornement, dont la simplicité n'excluoit pas le goût, étoit relevé par une longue suite de drapeaux blancs, qui se déployoient avec grâce aux fenêtres des maisons. Les croisées et les toits étoient, comme les rues, garnis de spectateurs. Des fleurs, des devises, des inscriptions (21), se faisoient remarquer dans différens endroits du passage de Sa Majesté, qui, accueillie sur tous les points par les transports de la joie la plus pure et du plus vif enthousiasme, arriva enfin à la cathédrale.

En avant du portail, à quinze pieds environ, on avoit construit un porche en bois couvert de toiles peintes. Ce porche étoit composé de sept arcades, dont trois correspondoient particulièrement aux trois entrées de l'église du côté du parvis. Aux extrémités de ce porche étoient placés deux grands arcs, qui débordoient la façade de la basilique, et s'ouvroient l'un en face de la galerie couverte qui conduisoit à l'archevêché, l'autre vis-à-vis la rue Notre-Dame. Du reste cette disposition extérieure se distinguoit autant par son aspect que par son utilité; ses frontons et ses ornemens gothiques étoient tellement d'accord avec le style du portail, qu'à peu de distance on eut dit qu'elle en faisoit partie.

Une voûte formée par des ogives qui portoient chacune le chiffre royal, et semées d'étoiles d'or sur un fond bleu de ciel, se dessinoit au-dessus de l'entrée principale, dont le parquet étoit couvert de tapis bleus parsemés de fleurs de lys. Autour du vestibule on voyoit quatre grands cadres peints, imitant parfaitement la pierre, qui représentoient saint Nicaise, saint Symphorien, saint Marcoul et saint Remi, patrons particuliers de la ville de Reims.

Ce fut auprès de ce porche que le Roi descendit de la voiture du Sacre. Sa Majesté fût reçue à la porte de l'église, sous un dais magnifique (22), par Monseigneur l'Archevêque de Reims, vêtu pontificalement, assisté des Évêques de Soissons, de Châlons, de Beauvais et d'Amiens, ses suffragans, en mitres et en chapes, et suivi de son chapitre, aussi en chapes. Le dais étoit porté par six chanoines de la métropole.

« Je viens de recueillir les bénédictions de mon peuple, » dit Sa Majesté en entrant dans l'église, je sens le be- » soin de recevoir les bénédictions du ciel. » Monseigneur l'Archevêque lui présenta l'eau bénite et l'encens. Puis le Roi s'étant agenouillé sur un carreau, le Prélat lui donna à baiser le livre des évangiles ouvert. Sa Majesté fit en- suite sa prière et se releva quelques instans après. Alors le Pontife saisi d'une vive émotion, en levant les yeux sur le monarque dont le triomphe actuel contrastoit si heureusement avec les jours d'infortune qu'il avoit passés avec lui, prononça avec l'accent le plus affectueux et le plus pénétrant, le discours suivant :

Sire,

« Aux vives acclamations de bonheur et d'amour qu'excite
» dans mon diocèse la présence d'un Roi, digne fils de
» Saint Louis, et aux sincères expressions de la recon-
» noissance et de la fidélité de cette bonne ville, si heu-
» reuse de se voir encore la ville du Sacre, qu'il me soit
» permis d'ajouter les hommages et les vœux d'un cha-
» pitre aussi recommandable par la pureté de ses prin-
» cipes que par la solidité de ses vertus, et de tout un
» clergé qui connoît, aime et remplit ses devoirs.

» Quant à moi, Sire, j'ose me croire dispensé de ma-
» nifester des sentimens qui, invariables comme mes
» principes, sont, depuis long-temps connus de Votre
» Majesté.

» Mais après avoir, comme un serviteur fidèle, pris
» part pendant une aussi longue suite d'années à tous les
» événemens de la vie de Votre Majesté, je dois aujour-
» d'hui bénir hautement la divine providence qui, dans
» une cérémonie si remarquable dans toutes ses circons-
» tances, m'a destiné à remplir auprès de votre auguste
» personne la plus belle, la plus consolante des fonctions
» de mon saint ministère ; et je rends grâce à Dieu,
» la sagesse éternelle, de vous avoir inspiré, Sire, la
» grande et religieuse pensée de venir sanctionner la
» dignité de Roi, par un acte solennel de religion, au
» pied du même autel où Clovis reçut l'onction sainte ;
» car, dans tous les lieux soumis à votre puissance,
» Sire, tout vous fera assez entendre que vous êtes Roi,
» tandis qu'ici, dans ce temple, dans cette cité, berceau
» de la foi de vos pères, tout vous rappelera que vous

» êtes chrétien ; tout vous dira que, pour votre bonheur,
» comme pour le bonheur de vos peuples, et afin d'ac=
» complir les desseins de Dieu en marchant sur les traces
» de tant de grands Rois, dont, par le droit de votre
» naissance, vous portez la couronne, oui, Sire, tout
» vous dira que toujours vous êtes le fils aîné de l'église
» et le Roi très-chrétien.

» Daigne le Roi agréer l'expression de nos sentimens ;
» daigne le ciel exaucer tous nos vœux ! »

Immédiatement après le discours, le grand-chantre entonna le répons *Ecce ego mitto Angelum meum*.... et le
Roi fut conduit processionellement vers le sanctuaire,
dans l'ordre suivant :

Le chapitre de la métropole, précédé de la croix, du
chœur et des séminaristes ;

Les évêques suffragans ;

L'Archevêque de Reims ;

Le service de la maison civile et militaire de Sa Majesté,
marchant en avant, d'elle et sur les côtés ;

Le Roi ;

Le service de la maison civile et militaire de Sa Majesté,
marchant en arrière ;

Monseigneur le Dauphin, Monseigneur le Duc d'Orléans
et Monseigneur le Duc de Bourbon, précédés et suivis
des premiers officiers de leurs maisons.

Pendant ce temps la musique de la chapelle du Roi
exécutoit un morceau dont le mouvement et le caractère
convenoient parfaitement à la gravité de cette marche.

Arrivée au sanctuaire, Sa Majesté se plaça à son prie-
Dieu ; à sa droite étoient, Monseigneur le Dauphin et
Monseigneur le Duc de Bourbon ; à sa gauche Monseigneur

lè Duc d'Orléans. Le grand-aumônier de France., le premier aumônier, l'aumônier ordinaire et deux autres aumôniers du Roi se tenoient à droite en avant du prie-Dieu; à gauche et en avant étoient LL. EE. les cardinaux, en rochets et en camails.

Madame la Dauphine s'étoit renduè à sa tribune avec Madame, duchesse de Berry et les princesses du sang. La tribune des ambassadeurs établie en face de celle de Madame la Dauphine étoit occupée; les autres restèrent vides.

Les autorités du département et de la ville, des généraux, des magistrats, les maires, les adjoints et les membres des conseils municipaux des communes de l'arrondissement de Reims, accompagnés de leurs jeunes villageoises, ainsi qu'un détachement de la garde nationale, entrèrent dans la cathédrale en même temps que la partie du cortége qui marchoit à la suite de Sa Majesté. Les personnes qui purent y être admises avec des billets, furent placées dans le fond du sanctuaire derrière la musique du Roi.

Sa Majesté ayant fait sa prière et s'étant relevée, Monseigneur l'Archevêque alla se placer dans la première stalle du chœur, ayant à sa gauche les évêques de Soissons et de Châlons; dans les stalles en face étoient les évêques de Beauvais et d'Amiens; les chanoines occupoient les autres stalles.

Alors Monseigneur l'Archevêque entonna les vêpres, qui furent chantées par le chœur de la métropole de Reims. Les voix de l'orchestre de la chapelle du Roi n'exécutèrent que les antiennes, arrangées en contre-point sur le plain-chant.

Après les vêpres, Monseigneur le Cardinal de la Fare,

un des assistans de Sa Majesté, monta dans la chaire qu'on avoit placée du côté de l'évangile à quelques pas du Roi, et prononça le sermon. Son Éminence y exposa avec autant de force que de vérité le pouvoir de la religion dans l'action tutélaire qu'elle exerce sur les devoirs réciproques des Rois et des peuples. Rien de plus sublime sur-tout, et de plus touchant que la péroraison qui termina ce discours et dans laquelle l'orateur, après avoir adressé au ciel en faveur du Roi et de son auguste famille tous les vœux que peuvent inspirer la religion, le respect et la fidélité, prenant tout-à-coup un accent prophétique, entraîna tout l'auditoire, en s'écriant :

« Seigneur, il vous a plu, sans avoir égard à la
» foiblesse de notre ministère, de nous rendre, dans deux
» circonstances d'un souvenir ineffaçable, l'organe de votre
» parole sainte ! à cette époque à jamais déplorable, que
» déjà le laps de trente-six années et le torrent des
» âges ont emportée loin de nous, vous avez voulu que
» du haut de la chaire de vérité, en présence de cette
» assemblée fatale qui fut le premier instrument de la
» démolition du trône et de la monarchie, notre voix
» annonçât les orages destructeurs amoncelés sur nos têtes
» et prêts à fondre sur la France (23) ! aujourd'hui, quelles
» actions de grâces ne devons-nous pas à votre bonté, de
» nous avoir, à la fin de notre carrière, réservé la plus
» douce des jouissances, celle de présager à notre patrie
» et au monde, qu'autant de la coupe de votre colère,
» enfin épuisée, il étoit sorti de châtimens et de fléaux,
» autant des trésors intarissables de vos miséricordes il
» sortira de félicité et de bienfaits. Fasse, Seigneur,
» votre volonté protectrice, que, si l'excès des maux a

» surpassé nos pressentimens et nos craintes, la réalité
» des biens surpasse, à son tour, nos souhaits et nos
» espérances ! daigne le secours permanent de votre grâce
» conduire par un chemin non interrompu de prospérités,
» et amener au bonheur qui n'aura plus ni vicissitude ni
» fin, notre Roi, votre adorateur sincère, et son peuple,
» qui, sous ses lois et avec ses exemples, sera plus que
» jamais religieux et fidèle ! »

Le sermon fini, Monseigneur l'Archevêque de Reims entonna le *Té Deum*; qui fut exécuté par les musiciens de la chapelle. Le Roi l'entendit debout.

Pendant le *Te Deum*, les aumôniers du Roi apportèrent les présens de Sa Majesté pour la cathédrale ; ils consistoient 1.º en garnitures d'autel, savoir : un grand crucifix, haut de huit pieds, en bronze doré, et six chandeliers de même métal et de cinq pieds de hauteur. Tous les détails de ces ornemens destinés au maitre-autel étoient du meilleur goût ; 2.º en ouvrages d'orfévrerie, tous en vermeil et d'un travail exquis, tels que la buire dont on se sert pour offrir le vin, façonnée en forme du *vase étrusque ;* le bénitier, présentant celle du *vase Médicis ;* le calice, les buirettes, l'aiguière du *lavabo* avec son bassin et les encensoirs ; 3.º en un reliquaire, celui de la Sainte Ampoule, dont la partie la mieux exécutée, la frise du pied, composée des médaillons de ceux de nos Rois qui ont été sacrés à Reims, étoit parsemée d'émeraudes et de rubis.

Ces présens furent déposés sur l'autel, à l'exception d'un second reliquaire, celui de la vraie croix, que Sa Majesté, conduite à l'autel par les évêques de Soissons et de Beauvais, offrit elle-même à Dieu et baisa avec le plus profond respect (24).

7.

Après cette dernière cérémonie , le Roi sortit de l'église dans le même ordre qu'il y étoit entré , et prit le chemin de son palais.

Une galerie couverte, contiguë au porche, conduisoit par une pente douce à l'archevêché. Longue d'environ trois cents pieds ; son étendue étoit coupée par des trophées chevaleresques placés à des distances égales , que relevoit l'écu de Charles X entouré de branches de laurier. A l'extérieur , une balustrade à hauteur d'appui, élégamment disposée et ornée de brillantes draperies ; dans l'intérieur , une tenture d'étoffes bleues richement bordées , et un plafond semé d'étoiles donnoient à cette espèce de tente royale un aspect tout-à-la-fois gracieux et imposant. Le sol étoit couvert d'un tapis semblable à celui du porche.

Le Roi suivit cette galerie pour se rendre à l'archevêché. Le peuple qui remplissoit le parvis et les cours du palais , salua Sa Majesté par de nouvelles acclamations. Dans un moment même où l'enthousiasme alloit toujours croissant, à la vue de la bonté touchante avec laquelle le Roi répondoit aux signes de l'alégresse publique , la foule en vint jusqu'à se précipiter sur son passage. Déjà la force armée paroissoit vouloir arrêter ce transport. » Votre service a cessé , dit alors Sa Majesté aux » gendarmes ; je veux que mon peuple puisse m'appro- » cher. » Le Roi fut obéi ; l'amour et le respect lui servirent d'escorte , et tout le monde s'approcha librement de lui.

A la galerie couverte communiquoit en retour d'équerre un portique , destiné à former une espèce de salle des gardes, et à déguiser l'irrégularité de la face antérieure de la grande salle de l'archevêché. Ce portique aussi-bien ordonné que tout ce qui le précédoit, avoit donc été placé en avant de cette salle, et il n'avoit de communication avec elle que par le milieu. Ce fut par ce point que le Roi, après avoir pris des mains de son capitaine des gardes les clefs de la ville qui lui avoient été offertes à son entrée, et les avoir remises très-gracieusement à M. Ruinart de Brimont qui se trouvoit sur son passage, entra enfin dans le palais, et y reçut les hommages des dames de la halle de Reims qui l'y attendoient.

L'archevêché de Reims n'avoit jamais pu par son ensemble être regardé comme un monument architectural, et jusqu'à nos troubles civils cet édifice n'avoit point reçu d'embellissemens. Dans les derniers temps, détourné de sa destination primitive et tristement dénaturé, il étoit tombé dans l'état de dégradation le plus déplorable. La restauration en fut confiée à M. Mazois, architecte, inspecteur-général des bâtimens civils au ministère de l'intérieur. Cet artiste avait à lutter contre la brièveté du temps et contre la rigueur de la saison ; il triompha de l'une et de l'autre, et dans l'espace de cinq mois, tout fut réparé, ou plutôt tout fut créé. L'appartement de Sa Majesté, composé de six vastes pièces, toutes ornées de riches plafonds et de tentures aussi somptueuses que variées, les appartemens de Monseigneur le Dauphin, de Madame la Dauphine, et de Madame, Duchesse de Berry, moins magnifiques à la vérité, mais à une distribution aussi commode joignant une noble simplicité ; la salle du festin royal, qui considérée seule au milieu de cette masse d'ouvrages qui l'entouroient et qui ont été exécutés en même temps qu'elle, passeroit à juste titre pour l'œuvre de l'enchantement ; partout des dégagemens utiles, des courans d'eau établis ; un jardin neuf planté d'arbres, tapissé de gazon et émaillé des fleurs de la saison, en un mot un autre *Palais des Tuileries* ; tous ces prodiges opérés à temps et offrant le gage d'une parfaite salubrité, laisseront pour toujours dans Reims le juste souvenir du rare talent de M. Mazois, comme ils lui ont mérité les témoignages flatteurs de la satisfaction de Sa Majesté (25).

Arrivé dans ses appartemens, le Roi s'y reposa quelques instans, et reçut ensuite les autorités ecclésiastiques, civiles et militaires, dans l'ordre suivant : le chapitre de la métropole de Reims, ayant à sa tête Monseigneur l'archevêque ; M. le Comte Lion, Commandant de la deuxième division militaire ; M. le Baron de Jessaint, Préfet de la Marne ; MM. les Généraux Delcambre, Commandant du département, et Piquet du Boisguy, commandant de la place de Reims ; M. le Comte de Gestas, Sous-Préfet de l'arrondissement de Reims ; le tribunal civil, ayant à sa tête M. Grimprel du Goulot ; le tribunal de commerce, présidé par M. le Chevalier Delamotte-Barrachin ; et M. le Maire de la ville de Reims avec MM. ses Adjoints Andrieux, Camu-Didier et Assy-Villain, à la tête du conseil municipal.

Les discours d'usage ont eu lieu ; voici ceux qu'on a pu recueillir, ainsi que les réponses qu'a daigné y faire Sa Majesté.

Discours de M. Maquart, Archidiacre et Grand-Vicaire, au nom du Chapitre.

SIRE,

« Lorsqu'il convient aux Rois de France de se mon-

» trer à leurs peuples dans tout l'appareil de la royauté,
» avec une pompe solennelle et religieuse, quel honneur
» pour l'église de 'Reims d'être choisie pour donner au
» monde ce 'grand et magnifique spectacle! combien est
» glorieuse 'la prérogative' dont elle jouit de temps im-
» mémorial, de voir couronner et proclamer ses Rois dans
» son enceinte, et y recevoir, des mains de son véné-
» rable pontife, l'onction royale! cette onction ajoute aux
» droits imprescriptibles de 'leur naissance je ne sais
» quoi de céleste et de divin, qui commande la vénéra-
» tion des peuples, et les rend les images de Dieu sur
» 'la terre.

  » Au moment où Votre Majesté vient confirmer par
» un nouvel exemple le droit de l'église de Reims, per-
» mettez, Sire, que les dignitaires, chanoines et chapitre,
» mettent aux pieds du trône l'hommage de leur amour,
» de 'leur fidélité, de leur reconnoissance. Foibles restes
» de ce beau clergé 'qui a donné des ministres à l'état,
» des souverains pontifes à Rome, des saints au ciel,
» échappés à la fureur des temps et à l'exil, ils ne cessent
» de consacrer ce qui leur reste de vie et de voix à faire
» retentir les voûtes de 'la basilique du cantique émi-
» nemment françois: O mon Dieu, conservez à la religion
» son défenseur, à l'église de Reims son bienfaiteur, à la
» patrie son père et son Roi; *Domine, salvum fac Regem....* »
Sa Majesté reçut avec beaucoup de sensibilité l'expression
des sentimens et les vœux du chapitre.

Elle fit à M. le Comte Lion l'accueil le plus distingué,
et Elle eut la bonté de rappeler en termes honorables la
fidélité et le courage que ce général déploya en mars 1815,
pour maintenir sous ses drapeaux le corps qu'il commandoit.

Réponse du Roi à M. le Préfet.

« M le Préfet, je reçois avec beaucoup de satisfaction
» l'expression des vœux et des sentimens des habitans de
» mon département de la Marne. Leur dévouement à ma
» personne ne date pas de ces jours de prospérité. Je
» n'oublie point celui qu'ils m'ont témoigné à mon arri-
» vée au milieu d'eux en 1814, et dans des temps si
» voisins du danger. Je suis assuré qu'ils persévèrent dans
» leurs bons sentimens, sous une administration sage et
» vigilante telle que la vôtre, Monsieur, et que tout va
» concourir, sous vos yeux, à justifier ma confiance, et
» à mériter de plus en plus mon affection. »

Discours de M. Grimprel du Goulot, Président du tribunal civil.

Sire,

« La première impression qui domine vos officiers de
» justice, en approchant de Votre Majesté, est celle du
» bonheur de pouvoir par eux-mêmes déposer aux pieds
» du trône l'hommage de leur respect et celui d'une re-
» connoissance qui embrasse le passé comme le présent.

» La France n'oubliera jamais, Sire, et cette province
» moins qu'une autre, que vous l'avez sauvée, en fran-
» chissant la frontière, une branche de lys à la main.....
» talisman puissant, devant lequel se sont arrêtées les fu-
» reurs de la guerre.

» Aujourd'hui, l'action de Votre Majesté n'intéresse pas
» seulement ses sujets, et l'Europe entière, présente dans
» nos murs, indique assez ce que les Princes qui la gou-
» vernent, espèrent de cette grave solennité.

» Le saint Roi, Sire, se plaisoit par fois à distribuer
» la justice à ses peuples.

» Imitant ce bel exemple, Votre Majesté se consacre
» aux soins de son gouvernement; c'est à nous, Sire,
» dont la vie entière se passe dans les affaires, qu'il ap-
» partient d'apprécier l'étendue de vos sacrifices.

» Du moment où Votre Majesté est montée sur le trône
» de ses pères, toutes les espérances se sont réalisées;
» nous voyons chaque jour s'achever ce qui a été si
» habilement commencé sous le régne précédent; c'est
» avec de si beaux titres que Votre Majesté est appelée
» à marquer Elle-même sa place dans l'histoire.

Réponse du Roi.

» Monsieur le Président, c'est par la justice que règnent
» les Rois; la partie la plus importante de mon autorité
» vous est déléguée; usez-en, Monsieur, avec la religieuse
» fidélité qui caractérise les vrais magistrats, et soyez persuadé
» suadé que vous vous concilierez des droits à ma bien-
» veillance et à ma protection, à mesure que vous ap-
» porterez dans vos jugemens de l'exactitude et de l'im-
» partialité.

Discours de M. le Chevalier Delamotte-Barrachin, Président du tribunal de commerce.

SIRE,

» Vos fidèles sujets, les membres du tribunal de com-
» merce et du conseil des prud'hommes, regardent comme
» le plus heureux jour de leur vie celui où il leur est

» donné de contempler les traits augustes de leur Sou-
« verain bien-aimé. Ils s'estiment mille fois heureux de
» pouvoir offrir à Votre Majesté l'hommage de leur pro-
» fond respect, de leur amour filial et de leur dévouement
» inaltérable.

» Sire, nos cœurs voloient au-devant de vous, alors
» que vous n'aviez pas encore manifesté la grande pensée
» qui vous amène au milieu de nous ; il seroit difficile
» de peindre la joie dont nous a comblés l'expression de
» cette pensée.

» Notre antique cité, berceau de notre monarchie chré-
» tienne, s'énorgueillit, en même temps qu'elle s'attendrit,
» à la vue de son Monarque prosterné au pied de l'autel
» de Clovis, y faisant hommage de sa couronne à celui
» par qui règnent les Rois, et renouvelant ainsi cette
» sainte et sublime alliance qui rappèle à nos esprits
» les glorieux souvenirs du passé, et déploie à nos regards
» un avenir si consolant et si plein d'espérances.

» Le commerce et l'industrie connoissent toute l'éten-
» due du vif intérêt que vous leur portez ; ils savent que
» votre paternelle sollicitude veille pour eux, et cette por-
» tion si intéressante de la grande famille, prend abon-
» damment sa part du bonheur et de la joie que Votre
» Majesté seme sur ses pas.

» Sire, les membres de votre tribunal de commerce
» continueront à être vos fidèles organes dans la dispen-
» sation de la justice commerciale, dans les applications
» de cette législation spéciale, qui n'est pas mise à la
» place de la loi commune, mais qui consacre les ex-
» ceptions et les dérogations commandées par des besoins
» et des nécessités particulières.

» Sire, nous appelons sur votre Majesté les bénédic-
» tions du ciel les plus abondantes, et c'est bien de tout
» notre cœur que nous nous écrions : *Vivat Rex in*
» *æternum.* »

Réponse de sa Majesté.

» Monsieur le Président, vous avez raison de dire que
» je place parmi les premiers sujets de ma sollicitude les
» progrès du commerce et de l'industrie ; j'apprécie com-
» bien ils influent aujourd'hui sur la puissance et la pros-
» périté des états. Comme négociant, vous pouvez compter
» sur ma protection ; comme juge, j'attends de votre zèle
» que vous vous efforcerez de maintenir dans le com-
» merce la bonne foi qui en est l'âme. »

Cette grande et solennelle réception se termina par
l'offrande que M. le Maire fit des présens de la ville à
Sa Majesté, en lui disant :

» Sire, comme un de nos ayeux le disoit à Henri IV,
» je dirai à un de ses petits-fils : nous vous offrons ce
» que nous avons de meilleur, nos vins, nos poires et nos
» cœurs ; veuillez les agréer. »

Le Roi reçut cet hommage de la ville de Reims, avec
tout ce que la bonté peut avoir de plus aimable.

Les mêmes autorités ont été ensuite admises à rendre
leurs devoirs aux Princes et aux Princesses du sang et
de la famille royale, dont elles ont été accueillies avec
cette bienveillance qui sait si bien attirer tous les cœurs.

MM. les officiers de la légion rémoise, ayant à leur
tête leur Commandant, M. Lespagnol de Bezannes,
eurent aussi l'honneur d'être reçus par Sa Majesté et par

la famille royale. Le prix qu'ils avoient attaché à cette insigne faveur, fut doublé à leurs yeux par les paroles honorables que le Roi daigna leur adresser, et par l'affabilité avec laquelle Monseigneur le Dauphin et les deux augustes Princesses voulurent bien s'entretenir avec eux (26).

Cette grande journée, dont le Souverain venoit de consacrer les derniers instans aux plus nobles épanchemens, avoit commencé par un acte d'indulgence aussi touchant que généreux. CHARLES X usant, comme ses prédécesseurs, du plus beau de ses droits, avoit accordé à cinquante prisonniers le pardon entier de leurs fautes. En conséquence, une commission composée de deux conseillers d'état et de deux maîtres des requêtes, s'étoit rendue dès le matin à l'hôtel de ville. Elle y fut bientôt suivie de Monseigneur le Cardinal Prince de Croï, Grand-Aumônier de France, à qui elle présenta la liste des cinquante prisonniers jugés dignes de la clémence royale, avec des notes sur chacun d'eux. Son Éminence descendit ensuite avec MM. les commissaires du Roi dans la cour de l'hôtel, où les prisonniers se trouvoient alors réunis, et fut saluée à l'instant par les cris : *grâce ! grâce !*

« Oui, mes enfans, leur dit le cardinal profondément
» ému, je vous l'apporte au nom du Roi cette grâce que
» vous demandez. Ce Roi que la providence a, dans sa
» miséricorde, donné à la France, aime à signaler toutes
» ses actions, et particulièrement ses grands actes reli-
» gieux, par des bienfaits....... On va en son nom vous
» distribuer des secours. Vivez en bons chrétiens, en bons
» François. Le Roi, auteur du bien dont vous allez
» jouir, va nous rendre tous heureux par son arrivée;
» portez-vous sur son passage : on va vous y conduire. »

» exprimez-lui, par vos acclamations, ce que vos cœurs
» éprouvent. VIVE LE ROI ! »

Ce cri inspiré par l'amour fut aussitôt répété avec transport par la reconnoissance ; et les cinquante amnistiés, versant des larmes de repentir et de joie, se sont rendus sur le passage de Sa Majesté, et y ont réitéré de la manière la plus vive l'expression de leurs sentimens.

Aux douces et vives émotions de la journée succède enfin l'heure du repos. Mais la fête du lendemain ne permet point au mouvement de s'arrêter. La nuit est employée aux préparatifs commandés ou par l'étiquette ou par les besoins de la journée. L'aurore se montre, et déjà les équipages parcourent les rues ; déjà les personnes autorisées à assister à la cérémonie se rendent de tous côtés à la cathédrale ; les hommes en habit à la françoise ou en uniformes ; les dames en parures de cour, avec des barbes pendantes. Avant cinq heures, les portes latérales étoient particulièrement assiégées par une foule considérable. L'entrée par le portail étoit réservée aux personnes munies de lettres closes.

En entrant de ce côté dans cette basilique, un des plus somptueux monumens, s'il n'est pas réellement le plus beau, qui nous restent du moyen âge, on ne peut définir le saisissement involontaire que font éprouver la grandeur imposante de l'édifice, l'harmonie de ses proportions, la richesse de ses ornemens et la gravité de son ensemble mystérieux. La disposition qui en a été faite pour la cérémonie du Sacre a encore ajouté à la magnificence première qu'on y admiroit, par le soin qui a été pris de coordonner les décorations empruntées au siècle du perfectionnement des arts avec le style de l'église, et l'esprit de la fête.

Et d'abord les regards étoient frappés du spectacle auguste que présentoit le jubé sur lequel étoit placé le trône du Roi. Elevé à seize pieds au-dessus du sol et à une distance d'environ cinquante pieds du portail, il avoit le double avantage de laisser entre lui et la porte d'entrée un espace suffisant pour admettre le public dans l'intérieur au moment de l'intronisation, et de faire, au moyen d'un portique à jour terminé par un arc de triomphe, apparoître le Monarque, dans tout l'éclat de sa magnificence aux yeux de son peuple (27).

Au niveau du sol de la plate-forme du trône étoient dressés l'un au-dessus de l'autre deux étages de tribunes, qui régnoient dans tout le pourtour de l'église. Au-dessus de ces tribunes, on distinguoit sur trois rangs étagés de même, une décoration appropriée à la cérémonie et prise des élémens qui la constituent. On voyoit au premier rang les portraits mosaïques et ressemblans de quarante Rois de France, depuis et y compris Clovis jusqu'à Louis XVIII. Huit, ayant à leur tête Clovis, et appartenant aux trois races, étoient placés en deça du trône; trente-deux autres, tous de la troisième dynastie, tous sacrés à Reims, figuroient au-delà; au second rang, les portraits, également mosaïques et ressemblans, des évêques et archevêques les plus illustres du règne de ces différens Rois; enfin, au troisième rang, les statues des bonnes villes du royaume, figurées en marbre blanc avec des attributs en or. Toute cette décoration était entourée des insignes propres et particuliers aux différens âges de la monarchie et de l'héroïsme militaire.

Dans la croisée de la nef où a eu lieu la consécration royale, sur la même ligne que les portraits des Rois, dominoient huit figures peintes dans le genre mosaïque, et remarquables par leur caractère religieux, savoir, aux angles des quatre gros piliers du sanctuaire, les figures des quatre évangélistes, et au-dessus des quatre tribunes du fond de la croix, quatre autres figures représentant la foi, l'espérance, la charité et la tempérance.

Au-dessus de la galerie supérieure, sur la même ligne que les portraits des pontifes, étoient placés des porte-lumières, dont le style gothique concordoit avec celui de l'architecture elle-même.

A l'entrée du chœur, à droite, étoit la tribune des Princesses, et en face, celle des ambassadeurs. Un peu en avant de ces tribunes, à douze pieds environ de l'autel, étoient préparés pour le Roi un prie-Dieu et un fauteuil, sous un dais suspendu à la voûte. Dans les deux branches de la croisée du chœur, à droite et à gauche, s'élevoient deux gradins en amphithéâtre, en regard l'un de l'autre, réservés d'un côté aux pairs de France, de l'autre aux députés.

Derrière l'autel, à six pieds d'élévation au-dessus du sol, étoit construit un vaste emplacement pour recevoir la musique de la chapelle du Roi.

Enfin, dans le rond-point du fond de l'église, on avoit disposé une immense tribune en pente douce, s'élevant à une hauteur assez considérable, aussi large que l'édifice qu'elle dominoit dans toute son étendue, et terminant le point de vue par une perspective en amphithéâtre.

Soixante lustres d'une grande dimension, en cristal et bronze doré, suspendus à la voûte et descendant en avant des tribunes, complétoient le luminaire du temple. Dans l'intérieur de chaque tribune étoit aussi suspendu un lustre qui l'éclairoit.

Toutes ces décorations parfaitement assorties aux ornemens du moyen âge et au luxe du dix-neuvième siècle, formoient un spectacle enchanteur. Leur effet empruntoit un nouveau charme de la décoration de la voûte, qui, parsemée de fleurs de lys, figuroit majestueusement un ciel étoilé. A toute cette magnificence, qu'on ajoute la somptuosité des tentures qui garnissoient le devant et le fond des tribunes, l'élégance des compartimens qui se montroient partout si heureusement appliqués, l'éclat de la pourpre, les couleurs vives et brillantes de l'or et des pierreries qui éblouissoient de tous côtés les regards; et l'admiration proclamera le talent qui a su faire de l'église du Sacre un séjour vraiment divin.

A cinq heures et demie, les portes ont été ouvertes, et les personnes qui attendoient, sont entrées dans l'église en foule, mais sans désordre; des mesures avoient été prises pour prévenir les accidens. Les gardes à pied et les gardes du corps veilloient à l'entrée, les premiers au dehors, les autres dans l'intérieur. En ce même instant, les colonels des corps de la garde et de la ligne réunis au camp, sont venus aussi prendre leur poste dans la basilique, tenant en main le drapeau de leur corps, et s'échelonnant au pied du trône en dedans des degrés du jubé.

A six heures, toutes les tribunes étoient garnies; les banquettes du devant étoient exclusivement occupées par les dames. ͺLa musique de ͺla chapelle͘du Roi étoit réunie dans le ͺlocal qui ͺlui avoit été destiné.

Les ͺpairs de ͺFrance et les députés arrivent successive-ment ͺet se͘ placent sur͘ leurs ͺgradins; les pairs du côté ͺde ͺl'épître et les͘ députés du côté de l'évangile. Sur les mêmes gradins, mais ͘en͘avant, viennent s'asseoir les ministres ͺd'état, les lieutenans-généraux ͘et les grands͘ digni-, taites͙,ͺles cordons͘bleus͘,ͺles͘députations des deux chambres,͘ les députés des͘ ordres ͺroyaux de ͺSaint ͺLouis et ͺde la͘ ͺlégion͘ d'honneur.

Les͘ premiers ͺprésidens͘ et͘les͘ procureurs généraux de ͺla ͺcour de cassation et des cours royales; les préfets͘ et ͘les maires des bonnes villes occupent͘ les stalles et les ban-ͺquettes͘ de͘ chaque côté͘ du ͘chœur.͘

Les autorités civiles, judiciaires͘et militaires ͺdu dépar-ment de͘ͺla Marne et de͘ la͘ ville de Reims͘; sont placées dans les stalles͘basses͘ de la même partie de l'église, dans͘ l'ordre ͘suivant ͘: à droite; MM. ͘le ͘Comte͘ Lion, ͘Lieute-nant-Général, ͺcommandant͘ la͘deuxième͘ division militaire; le Baron͘ Delcambre͘; Maréchal ͘de camp; ͘le ͘Général Wathier, Maréchal de ͘camp; Grimprel du ͘Goulot, Pré-sident du ͺtribunal de ͺpremière instance ͘de l'arrondis-͘sement de Reims, chef-lieu ͘judiciaire du département; ͘le Vicomte Ruinart͘ de Brimont͘, Maire de la ville de Reims; Lespagnol ͘de ͘Bézannes, ͘Commandant de la garde nationale͘; et Andrieux ͘; Adjoint au Maire; à gauche, ͺMM. ͘le Vicomte de Jessaint, Préfet͘ du͘département, ͘le Baron ͘Piquet du ͘Boisguy,͘ Maréchal de camp; le Comte de ͘Gestas,͘ Sous-Préfet de͘ l'arrondissement de Reims; ͘le Chevalier Delamotte͘Barrachin, ͺPrésident du tribunal de ͘commerce ͺde ͘Reims͘; Gaschon͘, Procureur du Roi du tribunal de première instance de Reims; Camu-Didier et Assy-Villain, Adjoints au Maire.

Immédiatement après, sur des banquettes établies également des deux mêmes côtés du chœur, les autres membres appartenant à ces différentes autorités, enfin le conseil municipal, et les autres conseils ou administrations qui se rattachent à l'administration municipale.

L'université de France et l'institut, appelés de même à la cérémonie du Sacre, ont aussi leur place marquée; l'une est représentée par ses conseillers, l'autre par ses présidens et par ses secrétaires.

Vers sept heures, le corps diplomatique, ayant à sa tête le nonce du Pape, est introduit et conduit à sa tribune par un maître des cérémonies. Tous les membres qui le composent, y prennent place, chacun suivant le rang qui leur appartient, et leur cortége tout-à-la-fois brillant et nombreux attire plus d'une fois l'attention de l'assemblée.

Quelques instans après, Madame la Dauphine, Madame, Duchesse de Berry, Madame la Duchesse et Mademoiselle d'Orléans, sont introduites et conduites dans leur tribune, et à leur arrivée, tous les yeux se fixent sur elles, tous les cœurs tressaillent (28).

Les ministres secrétaires d'état occupoient des sièges à la droite du fauteuil préparé pour le Roi; Monseigneur l'évêque d'Hermopolis étoit placé près de l'autel. Trois sièges étoient vacans, ils attendoient les deux cardinaux, assistant Sa Majesté et Monseigneur le grand aumônier.

Ces prélats arrivent enfin avec tout le clergé. Monseigneur l'Archevêque de Reims, revêtu de la pourpre romaine sur laquelle brille une croix pectorale en émeraude (29), s'avance vers l'autel, précédé des évêques de

Soissons et d'Amiens, en mitre, faisant les fonctions de diacre et de sous-diacre, et de quatre autres prélats, tant archevêques qu'évêques, nommés pour chanter les litanies. L'orgue qui avoit célébré leur entrée, continue d'accompagner leur marche. Arrivés dans le sanctuaire, le chœur, les chanoines et les autres membres du clergé de la ville vont se placer derrière l'autel, chacun suivant son rang et sa dignité; les archevêques et évêques invités prennent la place qui leur est réservée des deux côtés du sanctuaire; Monseigneur l'Archevêque officiant s'assied au milieu, le visage tourné vers le chœur, dans un fauteuil disposé vis-à-vis le prie-Dieu du Roi. Les évêques de Soissons et d'Amiens sont à ses côtés, et les prélats qui doivent chanter les litanies, se tiennent au côté droit de l'autel. On chante ensuite les petites heures, fin desquelles un *oratorio* est exécuté par la musique du Roi.

Cependant les deux cardinaux assistans, en chape, étole et mitre, sortent de l'église, précédés du chapitre aussi en chape, et se dirigent vers le palais, pour aller y chercher le Roi. Le cortége étant arrivé à la chambre de Sa Majesté, où se trouvoient réunis Monseigneur le Dauphin, Monseigneur le Duc d'Orléans et Monseigneur le Duc de Bourbon, ainsi que les grands officiers de la couronne ou ceux qui les représentoient, ceux de la maison du Roi et toutes les personnes ayant fonctions à la cérémonie du Sacre ou étant de service, le grand-chantre frappe à la porte. *Que demandez-vous?* dit le grand-chambellan, en élevant la voix, *Charles X, que Dieu nous a donné pour Roi*, répond aussitôt Monseigneur de Clermont-Tonnerre, premier des deux cardinaux assistans. A ces mots, les huissiers de la chambre ouvrent la porte,

Les deux prélats entrent et saluent Sa Majesté, qui se lève de son fauteuil à leur approche et leur rend le salut.

Alors les Princes, conduits par le grand-maître des cérémonies, et accompagnés des officiers de leurs maisons, se mettent en marche pour la cathédrale. Ils portent tous trois la couronne ducale sur la tête, et ils sont vêtus de manteaux de velours violet, doublés d'hermine et bordés de fleurs de lys d'or.

Immédiatement après, le Roi se rend à l'église par la galerie couverte, et le pompeux cortége qui l'entoure s'avance dans l'ordre suivant :

Le chapitre de la métropole;

Les gardes à pied ordinaires du Roi, marchant sur deux files en tête;

La musique ;

Les héraults d'armes;

Le Roi d'armes;

Les aides des cérémonies;

Le grand-maître des cérémonies, (M. le Marquis de Dreux-Brézé, Pair de France);

Les quatre chevaliers de l'ordre du Saint-Esprit, désignés pour porter les offrandes, savoir :

M. le Duc de la Vauguyon, le vin dans un vase d'or;

M. le Duc de la Rochefoucault, le pain d'argent ;

M. le Duc de Luxembourg, le pain d'or ;

M. le Duc de Grammont, l'aiguière d'or remplie de médailles ;

Les pages du Roi sur les ailes ;

Le Maréchal Moncey, Duc de Conégliano, faisant fonctions de connétable, tenant à la main son épée nue, et ayant à ses deux côtés deux huissiers de la chambre portant leurs masses ;

En arrière du connétable, sur le côté à droite, M. le Duc de Mortemart, Capitaine-Colonel des gardes à pied ordinaires du Roi, et M. le Duc de Bellune, Major-Général de la garde royale ; sur le côté à gauche, le Maréchal Marquis de Lauriston, le Comte de Cossé et le Duc de Polignac, nommés par Sa Majesté pour porter la queue du manteau royal ;

Le Roi ;

A sa droite, le Cardinal de Clermont-Tonnerre ;

A sa gauche, le Cardinal de la Fare ;

Sur les ailes, à la hauteur du Roi, six gardes de la manche, trois de chaque côté ;

Derrière le Roi, à droite et à gauche, M. le Marquis de Rivière et M. le Duc d'Havré de Croï, Capitaines des gardes du corps ;

Le major des gardes du corps, marchant derrière le capitaine des gardes de service ;

Le Chancelier de France, (M. d'Ambray) ;

Le Duc d'Uzès, représentant le grand-maître de France, portant le bâton de grand-maître à la main, haut levé ;

A sa droite, M. le Prince de Talleyrand, Grand-Chambellan ;

A sa gauche, M. le Duc d'Aumont, premier gentil-homme de la chambre ;

A droite, un peu en arrière du grand-chambellan, M. le Marquis d'Avaray, remplissant les fonctions de Grand-Maître de la garde-robe, à la place de M. le Comte Curial, que l'accident de Fismes empêchoit d'as-sister à la cérémonie.

Les deux gentilshommes de la chambre, l'un derrière le grand-chambellan, l'autre derrière le premier gentilhomme de la chambre ;

Les officiers des gardes du corps de service, suivis d'un détachement des gardes du corps.

Les gardes à pied, en entrant dans la nef, se mettent en haie des deux côtés ; les gardes de la manche et les hérauts d'armes s'avancent et vont se placer au bas des degrés du sanctuaire.

Le clergé reste à l'entrée de l'église. Monseigneur le Cardinal de la Fare y reçoit Sa Majesté, et invoque pour elle la bénédiction divine.

Le clergé reprend sa marche au chant d'un psaume, et le Roi, toujours entre les deux cardinaux, s'avance lentement avec son cortége vers l'autel. Alors on ferme les portes de l'église.

Arrivée au pied de l'autel, Sa Majesté s'agenouille et unit ses prières à celle que prononce sur elle le prélat consécrateur, debout et sans mitre.

Le Roi se relève, et conduit par les deux cardinaux, il va se placer sur son fauteuil.

Monseigneur le Dauphin, Monseigneur le Duc d'Orléans et Monseigneur le Duc de Bourbon sont assis à la droite de Sa Majesté, selon leur rang, sur le même alignement qu'elle.

Derrière le Roi, près de sa personne, deux capitaines des gardes du corps ; un peu plus en arrière et plus sur les côtés, à droite, le capitaine-colonel des gardes à pied, à gauche, le major-général de la garde royale ; sur le même alignement, mais un peu plus sur le côté, le maréchal Marquis de Lauriston, le Comte de Cossé et le Duc de

Polignac ; près de la première marche du sanctuaire, le major des gardes du corps, en arrière du capitaine des gardes de service ; en avant du prie-Dieu, à droite et à gauche, le grand-maître et les aides des cérémonies ; tous se tiennent debout.

Au bas des degrés du sanctuaire, le Maréchal Duc de Conégliano, représentant le connétable, est assis sur un tabouret ; à ses côtés sont les deux huissiers de la chambre du Roi, debout et portant leurs masses à trois pieds environ derrière le connétable ; le chancelier est assis de même.

En arrière, le Duc d'Uzès, faisant fonctions du grand-maître de France, le grand-chambellan à sa droite et le premier gentilhomme de la chambre à sa gauche, sont tous trois placés sur un même banc ; à droite et un peu en arrière du grand-chambellan, le premier chambellan, maître de la garde-robe, occupe un tabouret, ainsi que deux gentilshommes de la chambre, l'un derrière le grand-chambellan, l'autre derrière le premier gentilhomme de la chambre.

En arrière de Monseigneur le Dauphin, se tient debout le lieutenant des gardes du corps du Roi, de service auprès de S. A. R.

Les quatre chevaliers des ordres destinés à porter les offrandes sont placés, deux à droite, deux à gauche, dans les premières hautes stalles du chœur les plus voisines du sanctuaire.

La séance étant ainsi établie, Monseigneur l'Archevêque de Reims va présenter l'eau bénite au Roi ; qui se découvre pour la recevoir. Le prélat donne ensuite l'eau bénite à l'assemblée, et se retire derrière l'autel. Il en revient, revêtu de tous ses ornemens pontificaux, apportant le reliquaire de la Sainte Ampoule, salue l'autel et le Roi, quitte la mitre et entonne le *Veni Creator.*

A la fin de l'hymne, l'Archevêque reprend la mitre et s'avance vers le fauteuil du Roi. Les deux cardinaux assistans de Sa Majesté tenoient, l'un, le livre des évangiles, l'autre, le reliquaire de la vraie Croix. Le prélat consécrateur prend le livre sur lequel il pose la vraie croix, et le tient ouvert devant Sa Majesté. Charles X, assis et couvert, la main droite appuyée sur ces deux objets sacrés, lit, d'une voix forte et articulée les sermens suivans :

Serment du Royaume.

« En présence de Dieu, je promets à mon peuple de
» maintenir et d'honorer notre sainte religion, comme il
» appartient au Roi très-chrétien et au fils aîné de l'église,
» de rendre bonne justice à tous mes sujets ; enfin, de
» gouverner conformément aux lois du royaume et à la
» charte constitutionnelle, que je jure d'observer fidèle-
» ment ; qu'ainsi Dieu me soit en aide et le saint évan-
» gile. »

Serment du Roi, comme Chef et Souverain Grand-Maitre de l'ordre du Saint-Esprit.

« Nous jurons à Dieu le créateur de vivre et de mou-
» rir en sa sainte foi et religion catholique, apostolique
» et romaine ; de maintenir l'ordre du Saint-Esprit, sans
» le laisser déchoir de ses glorieuses prérogatives, d'ob-
» server les statuts dudit ordre ; et de les faire observer
» par tous ceux qui y sont ou seront reçus, nous réservant

» néanmoins de régler les conditions d'admission selon le
» bien de notre service. »

*Serment du Roi, comme Chef et Souverain
Grand-Maître de l'ordre Royal et Militaire
de Saint-Louis et de l'ordre Royal de la
Légion d'honneur.*

« Nous jurons solennellement à Dieu de maintenir à
» jamais, sans laisser déchoir leurs glorieuses prérogatives,
» l'ordre royal et militaire de Saint-Louis, et l'ordre royal
» de la légion d'honneur, de porter la croix desdits ordres,
» et d'en faire observer les statuts; ainsi le jurons et pro-
» mettons sur la sainte croix et sur le saint évangile. »

A la prestation des sermens succède la tradition des
insignes militaires. Le Roi et l'Archevêque sont revenus
à l'autel. Sa Majesté quitte la robe de moire d'argent qui
la couvroit, et n'est plus vêtue que d'une camisole de
satin rouge galonnée d'or sur les coutures. Après une
prière que l'Archevêque récite, le fauteuil royal est apporté et placé en face de celui du prélat. Sa Majesté
s'étant assise et ayant quitté sa chaussure, le grand-chambellan lui met des bottines de velours violet, semées de
fleurs de lys d'or, et Monseigneur le Dauphin y attache
des éperons d'or qu'il ôte aussitôt. Le Roi monte ensuite
avec l'Archevêque à l'autel, sur lequel est déposée l'épée
de Charlemagne alors dans son fourreau. Le prélat, après
l'avoir bénie, la ceint à sa Majesté, et la lui ayant ôtée
sur-le-champ, il la lui présente tirée du fourreau. Sa
Majesté, debout, prend l'épée, en élève la pointe, la
baise et la dépose sur l'autel. L'Archevêque la reprend,

là remet au Monarque qui la reçoit agenouillé, et là donne
ensuite au Maréchal Duc de Conégliano. Ces différentes
cérémonies sont accompagnées de prières analogues, qui
toutes ne respirent que la modération, la douceur et la paix.

Le Roi est reconduit à son fauteuil par les deux cardinaux assistans. L'Archevêque fait tirer la Sainte Ampoule
du reliquaire, où elle est enfermée, et ayant détaché avec
la pointe d'une aiguille d'or une parcelle du baume qu'elle
contient, il en fait la mixtion avec le saint chrême sur
la patène d'or du calice de saint Remi.

Pendant ce temps, les deux cardinaux délient les lacets
des ouvertures faites à l'habillement du Roi pour les
onctions, et ramènent ensuite Sa Majesté à l'autel. Sur
le devant est étendu un grand drap de velours fleurdelisé,
où sont placés deux carreaux, l'un sur l'autre, de chaque
côté. Le Roi se prosterne, la face contre ces carreaux,
l'Archevêque en fait autant à la droite de Sa Majesté,
les deux cardinaux restent debout à sa gauche. Alors
commencent les litanies, qui sont chantées alternativement par les quatre prélats désignés pour cet office, et
par le chœur. Vers la fin, l'Archevêque se lève, et la
mitre en tête, tenant la crosse de la main gauche, il
récite sur le Roi prosterné trois versets que le chœur
répète; puis il se prosterne de nouveau, et les litanies
s'achèvent.

L'Archevêque va à son siége, et s'y place, le dos tourné
à l'autel. Sa Majesté est amenée vers lui et s'agenouille.
Le Prélat, toujours assis, toujours la mitre en tête, tenant
la patène sur laquelle est l'onction sacrée, prend du baume
à l'extrémité du pouce, et sacre le Roi, en lui faisant
sept onctions, accompagnées d'autant de bénédictions; la

première sur le sommet de la tête; la deuxième sur la poitrine (les deux cardinaux assistans tiennent la camisole et la chemise ouvertes); la troisième entre les deux épaules; la quatrième sur l'épaule droite; la cinquième sur l'épaule gauche; la sixième au pli du bras droit; et la septième au pli du bras gauche. L'évêque-diacre essuie les onctions à mesure qu'elles sont faites, et l'Archevêque, aidé des cardinaux assistans, ferme les ouvertures.

Le grand-chambellan met ensuite à Sa Majesté d'abord la tunique du sous-diacre, puis la dalmatique du diacre, et place, par-dessus, le manteau royal. L'Archevêque reprend le saint chrême, et fait sur la paume de chaque main de Sa Majesté deux nouvelles onctions, après lesquelles il bénit et met au Roi une paire de gants apportée sur un plat de vermeil. Sur ce plat étoit aussi placé un anneau d'or, que le prélat bénit de même et met au quatrième doigt de la main droite de Sa Majesté. L'Archevêque remonte à l'autel, et y ayant pris successivement le sceptre de Charlemagne et la main de justice, il met l'un dans la main droite, et l'autre dans la main gauche du Roi. Cette tradition des insignes royaux est précédée et suivie de vœux et de prières, dont l'expression rend parfaitement l'esprit de son institution.

L'ordre du cérémonial fixe à cet instant le couronnement. Le Roi se met à genoux. Le chancelier va prendre ses ordres, et se tournant vers Monseigneur le Dauphin, Monseigneur le Duc d'Orléans et Monseigneur le Duc de Bourbon, il les invite, en saluant chacun d'eux, à s'approcher de Sa Majesté. Les princes s'avancent et se placent à droite et à gauche du Roi, selon leur rang.

L'Archevêque, la mitre en tête, prend sur l'autel la

couronne de Charlemagne, et la tient au-dessus de la tête
du Roi; sans qu'elle le touche. Les princes y portent
aussitôt la main pour la soutenir, jusqu'à ce que le Prélat, après l'avoir bénie, la pose lui-même sur la tête de
Sa Majesté. Mais ils y reportent sur le champ la main,
comme pour lui prêter un nouveau soutien.

Le couronnement étant terminé, l'Archevêque soulève
le Roi par le bras droit, et se dispose à le conduire au
trône. Les trois princes, précédés du maître et d'un aide
des cérémonies, se dirigent vers le jubé par l'escalier du
côté de l'épître. Sa Majesté tenant le sceptre et la main
de justice, s'y rend par l'escalier du côté de l'évangile.

Rien de plus brillant que le spectacle du cortége qui
entoure en ce moment CHARLES X; rien de plus auguste
que la marche triomphale au milieu de laquelle il s'a-
vance. Arrivée au jubé, Sa Majesté va se placer devant
le fauteuil et reste debout, toujours accompagnée de
l'Archevêque qui la tient par le bras droit. L'assemblée,
jusqu'alors immobile d'admiration, tressaille et s'anime. Les
cris de *vive le Roi* retentissent de toutes parts, et le
trône où le Souverain vient d'apparoître dans toute sa
splendeur, devient le centre unique sur lequel se portent
tous les regards et où se réunissent toutes les affections.

Le cortége a pris séance autour et au pied du trône.
Alors l'Archevêque, après avoir récité quelques prières,
quitte sa mitre, fait une profonde révérence à CHARLES X,
le baise et dit à haute voix et à trois reprises : *Vivat rex
in æternum*. Les cris de *vive le Roi* éclatent avec un
nouveau transport.

Monseigneur le Dauphin et les deux princes du sang
quittent leurs couronnes, s'avancent à leur tour vers le

Roi, et chacun d'eux en reçoit l'accolade, en disant *vivat Rex in æternum*. Au moment où Monseigneur le Dauphin veut fléchir le genou devant Sa Majesté, son auguste père lui tend les bras et le presse contre son cœur. Le Roi embrasse aussi de la manière la plus affectueuse Monseigneur le Duc d'Orléans et Monseigneur le Duc de Bourbon. Les acclamations redoublent à la vue de cette scène attendrissante, et la musique, comme entraînée par cette vive effusion de sentimens, vient mêler ses concerts à l'alégresse universelle.

Tout-à-coup les portes du temple s'ouvrent ; le peuple s'y précipite, avec l'empressement qui signale l'amour, mais avec l'ordre qu'inspire le respect. De la nef partent de nouvelles acclamations auxquelles répondent les tribunes. Partout les transports se multiplient et se prolongent ; au pied du trône on voit flotter les drapeaux qui y sont réunis ; sur le jubé, tous les chapeaux sont levés ; dans toutes les parties de l'assemblée, tous les mouchoirs sont agités. Trois salves de mousqueterie sont faites sur la place ; l'artillerie des remparts y répond par trois décharges ; les tambours battent, les cloches unissent leurs sons à tous ces hommages. Un grand nombre de petits oiseaux rendus à la liberté, s'élancent sur tous les points de la basilique et semblent exprimer par le battement de leurs ailes et la légèreté de leur vol leur joie et leur reconnoissance. Au milieu de ces différens mouvemens, les hérauts d'armes, placés sur une estrade, jetoient à la multitude des médailles d'argent, frappées pour la circonstance.

Cependant l'Archevêque de Reims retourne à l'autel, où il attend que les acclamations aient cessé. Il entonne enfin le *Te Deum*, qui est exécuté par les musiciens de la chapelle, et pendant lequel il reporte à la sacristie le reliquaire de la Sainte Ampoule.

Le *Te Deum* fini, l'Archevêque revient à l'autel avec le clergé assistant, et la grand'messe commence. Un chapelain de Sa Majesté dit en même temps une messe basse au petit autel du trône.

A l'évangile, les princes ôtent leurs couronnes; les cardinaux assistans, leurs mitres. Monseigneur le Dauphin s'approche ensuite du Roi, lui ôte sa couronne, et la lui remet après l'évangile. Au même instant les trois princes reprennent la leur, et l'évêque-diacre donne le livre des évangiles au grand-aumônier, qui le porte à Sa Majesté et le lui présente ouvert à baiser.

A l'offertoire, le roi d'armes et trois héraults vont prendre les offrandes près de l'autel, et les remettent sur des nappes garnies de dentelle, aux quatre chevaliers de l'ordre du Saint-Esprit qui doivent les porter. Ceux-ci se rendent au trône, et présentent les offrandes au Roi. Sa Majesté descend du trône en cortége, s'avance vers l'autel, le salue, remet le sceptre et la main de justice à deux maréchaux, s'agenouille sur un carreau placé devant l'Archevêque assis, prend les offrandes des mains des quatre chevaliers et les présente successivement au prélat, en baisant à chaque offrande l'anneau épiscopal. Cette cérémonie achevée, le Roi reprend le sceptre et la main de justice, et remonte à son trône.

Au canon de la messe, les portes de l'église se referment. A l'élévation, Monseigneur le Dauphin ôte la couronne du Roi et la lui remet ensuite, comme il l'avoit fait à l'évangile. Les princes quittent et reprennent de

même les leurs. Lors du *Pax Domini*, l'évêque-diacre
annonce la bénédiction, et l'Archevêque la donne.

Alors le grand-maître des cérémonies avertit le grand-
aumônier d'aller prendre le baiser de paix, pour le porter
au Roi. Le grand-aumônier va le recevoir de l'Archevêque
et le porte. Monseigneur le Dauphin et les princes, ayant
quitté leurs couronnes, le reçoivent à leur tour de Sa
Majesté.

Après le *Domine salvum*, le Roi retourne en cortége, à
l'autel. Monseigneur le Dauphin ôte encore la couronne du
Roi, après avoir quitté la sienne, et Sa Majesté, ayant
remis de nouveau ses autres insignes entre les mains des
mêmes maréchaux, se rend à son confessionnal, derrière
l'autel. Au bout de quelques minutes, le Roi revient à
l'autel, et communie sous les deux espèces. Monseigneur
le grand-aumônier et Monseigneur l'évêque d'Hermopolis,
d'un côté, Monseigneur le Dauphin et Monseigneur le
Duc d'Orléans, de l'autre, tenant la nappe.

Après la communion, pendant laquelle toute l'assemblée
est à genoux et dans le plus profond recueillement, Monseigneur le Dauphin vient remettre au Roi sa couronne.
Sa Majesté reste encore quelques instans agenouillée et en
prières. L'Archevêque s'approche ensuite du Roi, lui ôte
la couronne de Charlemagne, et là remplace par une
autre, ornée des plus riches diamans. Alors on entonne
le psaume *Exaudiat*, durant lequel l'Archevêque apporte
le corporal à baiser au Roi, et les deux maréchaux lui
remettent les insignes qu'il leur a confiés.

Sa Majesté se lève enfin, salue l'autel, et au milieu du
cortége qui se reforme, toujours soutenue à droite par
l'Archevêque, elle se met en marche pour retourner à

son palais. Son passage devant chaque tribune est marqué par les plus vives acclamations, et chaque tribune à son tour en reçoit le salut le plus gracieux. A son arrivée vis-à-vis le trône, tous les drapeaux s'inclinent avec respect, et l'immense population qui inonde les avenues du temple, accueille sa sortie par les mêmes transports qui avoient éclaté à son entrée.

La cérémonie qui avoit commencé à huit heures, s'est terminée à onze heures et demie.

Rentré dans ses appartemens, le Roi, après avoir remis le sceptre et la main de justice aux Ducs de Dalmatie et de Trévise qui les avoient déjà portés, s'est déshabillé en partie, la chemise et les gants qui ont touché l'onction sainte, devant être remis à Monseigneur le grand-aumônier, pour être brûlés, suivant l'usage.

Quelques instans après, Monseigneur l'Archevêque de Reims, tous les prélats invités au Sacre et le chapitre métropolitain furent reçus en audience par Sa Majesté, ayant à leur tête son Éminence Monseigneur le Cardinal de Clermont-Tonnerre, qui porta la parole en ces termes :

       Sire,

« L'auguste cérémonie du Sacre de Votre Majesté a
» répandu la joie et le bonheur dans tous les cœurs fran-
» çois. Elle est encore le triomphe de la religion.
» Pour la première fois depuis un demi-siècle, cette
» religion sainte vient de consacrer d'une manière solen-
» nelle les destinées de la France.
» Le digne fils de Saint Louis a reçu l'onction sainte

» des mains du pontife du Seigneur. Votre Majesté a re-
» conquis tout son héritage.

» Le clergé de votre royaume, Sire, dont j'ai l'hon-
» neur d'être l'organe, a offert au Dieu qui régit les
» empires, les vœux les plus ardens pour la prospérité
» du règne de Votre Majesté..... Il les exaucera, Sire ;
» ils sont inspirés par l'amour, le respect, le dévouement
» le plus entier...... Ils sont formés pour un Roi dont la
» foi est aussi vive qu'elle est vraie.

» Votre Majesté veut la religion, nous la seconderons
» de tous les efforts d'un zèle prudent et éclairé.

» Puisse la sagesse de Votre Majesté ne trouver aucun
» obstacle dans l'exécution de ses desseins ; pour accorder
» à l'église de France cette bienveillante protection, que
» sollicitent les besoins des peuples confiés à notre solli-
» citude pastorale !

» Permettez, Sire, à un vieillard que sa longue carrière
» a placé à la tête de l'épiscopat, de déposer dans le
» cœur de Votre Majesté les vœux du sacerdoce françois,
» qui se confie entièrement dans les sentimens religieux
» de Votre Majesté.

» Sire, je bénis le Seigneur qui m'a donné de voir
» l'aurore des beaux jours de la religion ; plus heureux que
» les patriarches de l'antique Israël, je puis saluer de près
» d'aussi belles espérances. Pénétré d'un si consolant es-
» poir, j'avance avec confiance vers la céleste patrie, qui
» est le but et le terme des Rois et des sujets. »

Le Roi a répondu, entre autres choses : « Tout ce que
» je ferai pour la religion, je le ferai pour le bonheur
» de mon peuple. »

La foule qui avoit suivi Sa Majesté dans son palais,

remplissoit toujours la grande salle d'entrée. Mais avertie par les maîtres des cérémonies que la réception étoit terminée, elle se retira, et la salle fut enfin libre pour le service du festin royal.

Cette salle, dont la construction remonte vers la fin du quinzième siècle, et qui a toujours servi depuis au banquet royal, a la forme d'un carré long. Au fond, à gauche en entrant, on voit une haute cheminée, au-dessus de laquelle est la statue de Saint Remi, avec les portraits de Clovis et de Hugues Capet, sculptés un peu plus bas, à droite et à gauche. L'intention de cette disposition primitive fut habilement saisie, et cette salle, sans avoir été rétablie dans son ordonnance première, en conserva l'esprit et le caractère antique. D'abord la cheminée dont les restes précieux soigneusement consultés servirent de modèle, fut restaurée et embellie. A l'extrémité en face, fut élevée une tribune, que ses ornemens mirent en harmonie avec ceux qui leur étoient opposés. Des vitraux peints, enchassés dans des fenêtres cintrées, éclairoient la salle. Neuf solives transversales, revêtues de baguettes d'or, supportoient chacune deux lustres, qui étoient attachés avec des viroles d'or; sept autres lustres, plus élevés, étoient supendus à la voûte même. Cette voûte, courbée en forme d'ogive, étoit peinte en bleu tendre; c'étoit un ciel d'azur parsemé d'étoiles d'or.

A la naissance de la voûte, dans tout le pourtour de la salle, étoient placés des médaillons qui représentoient en buste seize archevêques de Reims, tous, et surtout le dernier, le Cardinal de Talleyrand-Périgord, rappelant des souvenirs chers ou glorieux.

Au-dessous, et dans la longueur de la salle vis-à-vis des

fenêtres, étoient les portraits des monarques françois, que les titres de *Saint*, de *Juste*, de *Bon*, de *Grand* et de *Bien-aimé* recommandent le plus à notre vénération et à notre amour.

Au fond de la salle, contre la cheminée, sur une estrade tant soit peu élevée, étoit le trône du Roi, surmonté d'un dais en velours cramoisi, semé de fleurs de lys d'or. A gauche du trône, on voyoit une tribune richement tendue, d'où les princesses pouvoient assister, comme spectatrices, au festin.

Devant le trône étoit disposée là table du Roi, également destinée à recevoir Monseigneur le Dauphin, Monseigneur le Duc d'Orléans et Monseigneur le Duc de Bourbon. Vis-à-vis là table de Sa Majesté, étoit celle destinée à MM. les cardinaux, archevêques et évêques représentant le clergé de France.

Sur le côté à droite, étoient deux tables, la première pour le corps diplomatique, là seconde pour les pairs; sur le côté à gauche, deux autres tables, la première pour les grands officiers de la couronne, la seconde pour les députés.

L'heure du festin étant arrivée, le grand-maître des cérémonies alla chercher MM. les députés, qui furent reçus par le premier maître-d'hôtel du Roi et se placèrent à leur table debout, en attendant Sa Majesté; il en fut de même à l'égard de MM. les pairs de France et de MM. les ambassadeurs des puissances étrangères.

Alors M. le Comte de Cossé-Brissac et tous les officiers de l'hôtel, précédés par la musique des gardes du corps et suivis de douze pages du Roi, vont chercher le diner de Sa Majesté et l'apportent, selon l'ancien usage, au son des fanfares.

Le dîner servi, le cortége précédent va chercher et amène avec le même appareil le Roi et les Princes. CHARLES X, en costume royal, la couronne de diamans sur la tête, traverse majestueusement la salle dans toute sa longueur, est salué en passant par l'assemblée, et va se placer sur son trône. Les insignes royaux sont déposés sur la table; les maréchaux de France sont debout auprès du Roi.

Monseigneur l'Archevêque de Reims dit le *Benedicite;* les Princes, la couronne ducale sur la tête, prennent place à la table de Sa Majesté; tous les convives s'asseyent et se couvrent; les cardinaux, archevêques et évêques, sont en chappes et en mitres.

Il n'y eut deux services qu'à la table du Roi; le second fut apporté avec la même pompe que le premier.

Le repas, dont il est plus difficile encore de décrire que de concevoir l'ordre et la magnificence, dura une demi-heure, et fut terminé par les grâces que Monseigneur l'Archevêque de Reims vint réciter au Roi.

Sa Majesté descendit de son trône aux cris de *Vive le Roi!* En se retirant, le Monarque chéri saluoit tour-à-tour les convives de chaque table, et cet accueil flatteur étoit encore accompagné de quelques-unes de ces paroles qu'il n'appartient qu'à ce prince de dire si aisément et si bien.

L'élite de la population de la France et de la Ville du Sacre avoit joui dans cette journée des plus insignes faveurs. CHARLES X avoit fait beaucoup d'heureux; et il le fut complètement lui-même, en apprenant que le malheur et l'indigence avoient, par de sages et abondantes distributions faites par la Mairie, participé aux douceurs de la fête et à la satisfaction générale (3o).

Cependant on donnoit à l'hôtel de ville des repas de cent cinquante couverts chacun, distribués en trois tables. L'une de ces tables, la première, étoit servie seule dans la salle dite de Charles X; le service des deux autres avoit lieu dans la salle dite de Clovis. M. le Maire et MM. ses Adjoints en faisoient les honneurs avec MM. du conseil municipal.

La première table, où le premier banquet avoit été, la veille du Sacre, offert à MM. les membres du corps diplomatique, et dont M. le Maire avoit fait les honneurs, fut, le jour même du Sacre, à l'issue du festin royal, présidée par M. le Maréchal Duc de Conégliano, qui y avoit réuni les grands personnages que sa qualité de représentant du Connétable de France lui donnoit le droit d'inviter.

Cette même table fut honorée, le 3o, de la présence des prélats invités au Sacre et de MM. composant les grandes députations des deux chambres; et le 31, de celle de leurs excellences les ministres secrétaires d'état et ministres d'état, de MM. les maîtres des requêtes et des présidens des grandes cours du royaume.

Les deux tables de la seconde salle furent présidées tour-à-tour par MM. les adjoints, qui eurent l'honneur d'y recevoir :

Le 28, MM. composant l'état-major de la deuxième division militaire, les gouverneurs, lieutenans-généraux, vice-amiraux, grands-croix et commandeurs des Ordres, préfets et maréchaux de camp;

Le 29, les maires des bonnes villes, les présidens des chambres de commerce, les députations des académies, du conseil royal d'instruction publique, des consistoires, et les colonels des gardes-nationales: M. le Maire fit ce jour-là les honneurs de la salle;

Les 30 et 31, MM. les pairs et MM. les députés invités particulièrement au Sacre, les présidens des conseils généraux, les procureurs-généraux . . . . .

Chaque jour, tous ces banquets, en présentant le spectacle d'une brillante et nombreuse réunion, se faisoient remarquer par l'effusion des plus purs et des plus nobles sentimens; la santé du Roi et de la famille royale y étoit toujours portée avec un vif et sincère enthousiasme.

Parmi les différens toasts échangés entre la Mairie et ses illustres convives, la reconnoissance ne permet pas qu'on passe sous silence celui-ci, qui fut, dans le banquet du jour du Sacre, adressé à la Ville de Reims par M. le Vicomte de la Rochefoucault, à la demande des personnes dont il étoit environné : « Messieurs, je viens » d'avoir l'honneur d'être choisi pour porter une santé à » la Ville de Reims; je sens tout le prix d'une pareille » mission. Honneur donc aux habitans de cette cité fi- » dèle! nous pourrons rivaliser de zèle avec eux; mais il » ne nous sera jamais possible de les surpasser dans les » témoignages d'amour et de dévouement qu'ils viennent » de donner au meilleur des Rois. »

Partout dans la ville, les mêmes jours et principalement dans la mémorable journée du 29, mêmes réunions, même cordialité de la part des Rémois à l'égard de leurs hôtes. Partout même joie, même gaieté expansive; les rues, les places publiques et surtout les environs du palais étoient parcourus, par une foule empressée, dont l'affluence ne nuisoit ni à l'ordre ni à la décence qui ont toujours alors distingué les habitans.

Le lendemain 30 mai, à dix heures du matin, MM. les ambassadeurs et ministres des puissances étrangères ont été admis à faire leur cour au Roi et à la famille royale, et son Éminence le Nonce Apostolique, qui étoit à leur tête, a complimenté Sa Majesté en ces termes :

SIRE,

« Le corps diplomatique, encore ému de l'auguste cé-
» rémonie dont il vient d'être témoin, et de tous les sou-
» venirs qu'elle rappelle, s'empresse d'offrir à Votre
» Majesté l'hommage de ses félicitations.

» Après de longues traverses, suivies d'événemens si
» merveilleux, que vainement on s'efforceroit de les ex-
» pliquer par des causes purement humaines, un des Rois
» vos prédécesseurs reçut dans cette antique cité l'onction
» sainte qui avoit coulé sur le front de Clovis.

» Eprouvé, Sire, par des infortunes plus grandes, mais
» qui n'ébranlèrent jamais votre âme royale, la providence
» vous a conduit d'une manière non moins merveilleuse
» au pied du même autel où Charles VII ressaisit cette
» glorieuse couronne dont vos vertus relèvent encore
» l'éclat.

» En voyant la religion, qui seule affermit les trônes,
» consacrer les commencemens de votre règne, l'Europe
» partage les espérances que la France en a conçues, en
» même temps qu'elle forme avec elle les vœux les plus
» ardens pour le bonheur de Votre Majesté, inséparable
» de la félicité publique, qui trouve, Sire, la plus sûre

» garantie dans votre sagesse , votre bonté, et votre ca-
» ractère ».

Le Roi a répondu :

« Monsieur le Nonce, dans une circonstance si intéres-
» sante pour la religion et pour la monarchie , je suis
» heureux de me voir entouré par les représentans de tous
» les souverains de l'Europe. Je suis très-sensible à tout
» ce que vous venez de me dire au nom du corps diplo-
» matique. J'ai la ferme confiance que cette auguste cé-
» rémonie profitera au bonheur de mon peuple , et je
» ferai tous mes efforts pour maintenir la paix et l'accord
» qui règnent heureusement parmi toutes les puissances.
» J'espère que Dieu bénira mes efforts. Nous ne pouvons
» rien sans lui. Messieurs, faites savoir , je vous prie , à
» vos maîtres les sentimens dont je suis animé , et ma
» reconnoissance pour la part qu'ils ont prise à mon
» Sacre. »

Sa Majesté a reçu également les hommages des grandes
députations de la chambre des pairs et de la chambre des
députés , ainsi que ceux des diverses députations qui ont
assisté à son Sacre.

Après ces audiences solennelles , on se disposa à célébrer les cérémonies de l'Ordre du Saint-Esprit. Ces cérémonies consistent dans la réception des chevaliers simplement
nommés jusqu'alors par le Roi. Et d'abord il fut procédé
à leur réception dans l'Ordre de Saint-Michel; car il faut
être membre de celui-ci , pour avoir droit de faire partie
de l'autre. Cette première cérémonie fut faite dans la
grande salle du palais, en présence de Monseigneur le
Duc d'Orléans et de Monseigneur le Duc de Bourbon ,

par Monseigneur le Dauphin, qui se rendit ensuite pro-cessionéllement, précédé de tous les assistans, à l'appar-tement du Roi, pour y attendre Sa Majesté et l'accompagner à la cathédrale, où alloit avoir lieu la grande cérémonie.

Cependant les portes de l'église s'ouvroient à la foule immense qui les assiégeoit ; en un instant les tribunes furent entièrement remplies.

A quelques changemens près dans les dispositions inté-rieures, la basilique présentoit le même aspect que le jour du Sacre. Le trône, descendu du jubé, avoit été placé au milieu du chœur. Dans le sanctuaire, à gauche, sur une estrade de trois marches, devant les gradins occupés par les députés, avoit été dressé un second trône, où devoit se faire la réception des chevaliers de l'Ordre du Saint-Esprit. Au-dessus de ces deux trônes étoient suspendus deux dais qui, ainsi que les marches de l'autel et les stalles hautes et basses du chœur, étoient revêtus de soie verte, ornée des emblêmes des Ordres brodés en or.

A droite du fauteuil du Roi, on voyoit deux tables couvertes de velours cramoisi fleurdelisé. Là, sur des carreaux de velours, étoient posés les insignes de l'Ordre du Saint-Esprit. A gauche, au bas de l'estrade, étoit la table sur laquelle les chevaliers devoient signer leurs ser-mens. Vis-à-vis du fauteuil du Roi, de l'autre côté de la croix, étoit le fauteuil de l'Archevêque de Reims. Une frise, placée au-dessus de la ligne des stalles hautes du chœur, portoit le blason de chaque chevalier, qui con-noissoit par ce moyen la place qu'il devoit occuper.

A une heure, le cortége de l'Ordre du Saint-Esprit s'est mis en marche, par la galerie couverte, pour la cathé-drale, dans l'ordre suivant :

L'huissier des Ordres „ seul en avant;

Le hérault seul, derrière ;

M. le marquis d'Aguesseau, Grand-Prévôt, maître des cérémonies de l'Ordre, ayant à sa droite M. le Comte Desèze, Commandeur Grand-Trésorier, et à sa gauche M. le Marquis de Villedeuil, Commandeur, Secrétaire des Ordres ;

Le Chancelier seul ;

Suivent deux colonnes de chevaliers, dix-sept sur chaque colonne (31) ;

Monseigneur le Duc de Bourbon ;

Monseigneur le Duc d'Orléans ;

Monseigneur le Dauphin ;

Le Roi,

accompagné de tous les grands officiers de sa maison et de MM. les commandeurs ecclésiastiques, LL. EEm. le Cardinal Duc de la Fare, le Cardinal Prince de Croï, le Cardinal Duc de Clermont-Tonnerre, Monseigneur l'Archevêque de Bordeaux, M. l'Abbé Duc de Montesquiou, Monseigneur l'Archevêque de Reims.

En entrant dans le chœur, les deux colonnes de chevaliers se déploient à droite et à gauche du trône qui est au milieu, et s'avancent jusqu'aux marches du sanctuaire, devant les stalles qui leur sont destinées.

Monseigneur le Duc d'Orléans se met en tête de la colonne gauche ; Monseigneur le Duc de Bourbon passe à la colonne droite, à la tête de laquelle va se placer Monseigneur le Dauphin.

Le Roi, entouré de ses grands officiers, s'avance au milieu du chœur, près des marches du sanctuaire, salue l'autel et se rend à son trône, précédé du grand-prévôt maître des cérémonies, du hérault et de l'huissier.

Le costume dont Sa Majesté est revêtue, efface par sa magnificence tout ce qui l'environne. Le Roi seul, comme chef et souverain grand-maître des Ordres, a droit de le porter.

Sa Majesté étant assise et couverte, et chaque membre de l'Ordre étant placé et couvert, les grands officiers, ainsi que le hérault et l'huissier, s'avancent au pied du sanctuaire où ils font successivement les révérences suivantes : à l'autel ; au Roi ; au clergé, dans le sanctuaire ; à Monseigneur le Dauphin ; à Madame la Dauphine et aux princesses de la famille royale, dans leur tribune ; à Monseigneur le Duc d'Orléans ; à Monseigneur le Duc de Bourbon ; à MM. les ambassadeurs, dans leur tribune ; aux commandeurs ecclésiastiques, dans le sanctuaire ; aux chevaliers de la droite ; aux chevaliers de la gauche ; et ils retournent ensuite à leurs places, au bas du trône.

Ces premières dispositions faites, le commandeur grand-prévôt, précédé du hérault, et de l'huissier, se dirige vers le trône, salue le Roi, prend ses ordres et va les porter à Monseigneur l'Archevêque de Reims, qui entonne les vêpres.

Cet office achevé, le grand-prévôt, toujours précédé des mêmes officiers, va inviter, par une révérence, Monseigneur le Dauphin à le suivre et le conduit au milieu du chœur. Son Altesse Royale y fait les révérences indiquées, après lesquelles elle va se placer sur le côté droit du trône du sanctuaire et contre la marche de l'estrade. Monseigneur le Duc d'Orléans et Monseigneur le Duc de Bourbon, répètent, l'un après l'autre, la même marche, font les mêmes révérences au milieu du chœur, et vont se placer à côté de Monseigneur le Dauphin.

MM. les Ducs de la Vauguyon et de la Rochefoucault observent le même cérémonial; mais ils marchent ensemble, et ils se placent après Monseigneur le Duc de Bourbon.

Alors le grand-prévôt va chercher le Roi au trône du chœur, et le conduit auprès des marches du sanctuaire. Sa Majesté fait aussi les révérences et va se placer sur le trône du sanctuaire. On apporte sur l'estrade un fauteuil tourné en face du Roi, et sur lequel vient s'asseoir Monseigneur l'Archevêque de Reims, revêtu de ses habits pontificaux. On place encore devant Sa Majesté une table décorée des attributs de l'Ordre. Le commandeur-secrétaire des Ordres présente ensuite au Roi le serment écrit et la plume. Le Roi signe le serment. Le secrétaire reprend le serment et la plume. L'Archevêque de son côté se retire et va quitter ses habits pontificaux.

Le grand-prévôt prend de nouveau les ordres de Sa Majesté, et avertit Monseigneur le Dauphin de venir rendre hommage au Roi. Son Altesse Royale se rend sur-le-champ vers le trône, et après avoir salué l'autel, elle se met à genoux sur un coussin placé aux pieds de Sa Majesté et lui baise la main. Le Roi serre affectueusement la main du Dauphin, qui se relève, salue le Roi et l'autel, et va reprendre sa place. Les deux princes du sang font, l'un après l'autre, les mêmes cérémonies et reçoivent de Sa Majesté le même accueil que Monseigneur le Dauphin. MM. les Ducs de la Vauguyon et de la Rochefoucault rendent à leur tour hommage, tous deux ensemble et de la même manière; mais M. le Duc de la Vauguyon voulant se prosterner, malgré son grand âge ; le Roi lui tend la main avec bonté et le relève. Cet acte se termine enfin par l'hommage des quatre grands-officiers, du hérault et de l'huissier.

Monseigneur l'Archevêque de Reims entonne alors le *Veni Creator*, pendant lequel tous les chevaliers récipiendaires descendent dans le chœur et s'y rangent sur deux colonnes de chaque côté de l'autel. Les commandeurs ecclésiastiques récipiendaires s'avancent en même temps, de front, dans le sanctuaire, et se placent en face du Roi.

L'hymne chantée, les récipiendaires ecclésiastiques, avertis par le grand-prévôt de venir au trône, se rendent sur une même ligne au pied de l'estrade, et après la lecture que le chancelier des Ordres leur fait à haute voix du serment qu'ils doivent prêter, ils saluent le Roi, s'agenouillent sur des carreaux placés devant Sa Majesté, posent chacun leur main droite sur le livre des évangiles que le même chancelier tient ouvert sur les genoux du Roi, et disent : *Je le jure.* Ensuite ils sont revêtus des insignes de l'Ordre par Sa Majesté, qui remet à chacun d'eux un livre d'heures et le dixain. Enfin ils rendent leur hommage au Roi, en baisant sa main, lui font une révérence, et vont à une table préparée à côté du trône signer le serment.

À la réception des commandeurs ecclésiastiques succède celle des chevaliers, qui, instruits à leur tour de la teneur du serment qu'ils vont prêter, sont appelés successivement par ordre d'ancienneté, sortent deux à deux de chaque colonne, et vont ainsi au trône, où ils remplissent les mêmes formalités que ceux qui les ont précédés. Ils reçoivent aussi les insignes de l'Ordre, un livre d'heures et un dixain de Sa Majesté, à qui ils rendent ensuite hommage et dont ils baisent la main. Enfin ils signent le serment et ils retournent à leurs places.

M. le Prince de Castel-Cicala et M. le Duc de San-Carlos, tous deux chevaliers des Ordres, tous deux étrangers, n'avoient point fait partie de cette seconde réception. Un des officiers va les chercher et les amène aux pieds du Roi, pour prêter leur serment particulier, le signer ensuite et recevoir des mains de Sa Majesté les insignes des Ordres.

Les réceptions étant toutes terminées, le Roi descend du trône du sanctuaire et va s'asseoir sur le trône élevé à l'entrée du chœur. Alors on chante les compliès.

Le Roi et tous les membres de l'Ordre restent assis et couverts pendant cet office, après lequel Sa Majesté est reconduite au palais de la même manière et avec le même appareil qu'elle avait été amenée à la cathédrale; et cette seconde marche est, comme la première, accueillie par de nombreuses et vives acclamations.

Après la cérémonie, dont la musique de la chapelle a animé la pompe grave et sérieuse, et qui s'est terminée à quatre heures, le Roi a tenu, suivant l'usage, un chapitre de l'Ordre du Saint-Esprit, et y a nommé vingt-un cordons bleus (32).

Sa Majesté avoit daigné faire connoître dans le courant de la journée qu'elle recevroit les dames, dans la salle du festin, à huit heures du soir. Cette nouvelle faveur excita la plus vive reconnoissance, et les dames les plus notables de la ville se rendirent, à l'heure indiquée, au palais où elles eurent l'honneur d'être présentées à Sa Majesté. M. le Maire était auprès du Roi, lui indiquant et lui nommant chacune d'elles; à qui Sa Majesté adressoit des paroles pleines de bonté. Le Roi voulut bien témoigner à Madame de Brimont, épouse de M. le Maire, combien il se trouvoit heureux à Reims, combien il étoit satis-fait des marques de dévouement que lui avoient prodi-guées le Maire et les habitans.

La ville de Reims avoit dans les journées des 28, 29 et 30 Mai, joui du spectacle de ce que les pompes hu-maines ont de plus brillant, et de plus auguste, et de tout ce que les cérémonies religieuses offrent de plus majes-tueux et de plus frappant. Elle vit encore la journée sui-vante consacrée par des actes qui, en répandant un éclat d'un nouveau genre, furent tout aussi touchans et aussi généreux, et parurent d'autant plus précieux, qu'ils étoient dûs aux inspirations du cœur de CHARLES X.

Le 31, le Roi, après avoir entendu la messe dans ses appartemens, sortit à dix heures du palais, accompagné d'un cortége nombreux et tout guerrier, précédé par les hussards de la garde et suivi de son état-major.

Sa Majesté, en habit d'officier-général, montoit un cheval blanc, magnifiquement caparaçonné. A sa droite, un peu en arrière, étoit Monseigneur le Dauphin, mon-tant aussi un cheval blanc, et ayant auprès de lui Mon-seigneur le Duc de Bourbon sur un cheval bai ; tous deux avoient aussi le costume d'officier-général. A la gau-che du Roi, et de même un peu en arrière, paroissoit Monseigneur le Duc d'Orléans, monté sur un cheval gris pommelé, et portant le riche uniforme de colonel-gé-néral des hussards. Les princesses suivoient en calèche découverte.

Ce cortége, comme l'antique *Cavalcade* dont il étoit l'image, prit le chemin de l'église de Saint-Remi, où la piété appeloit Sa Majesté pour visiter le tombeau de l'Apôtre des François. Mais cette marche avoit plus d'un but intéressant pour l'âme religieuse de CHARLES X. Ce Prince savoit que sur la ligne qu'il alloit parcourir, il auroit à consoler des infirmes qui, pleins d'une sainte confiance, attendoient de lui le soulagement de leurs maux. Aussi, Sa Majesté, en donnant la veille l'ordre du jour du lendemain, avoit-elle annoncé qu'une station à saint Marcoul précéderoit celle de saint Remi.

Arrivé devant la porte extérieure de cet hospice, où tout avoit été disposé pour la touchante cérémonie qui devoit y avoir lieu, le cortége s'arrêta; et le Roi mit pied à terre au milieu des acclamations qui redoublèrent de toutes parts. Sa Majesté fut reçue et conduite processionnellement à la chapelle par Monseigneur le grand-aumônier et par M. l'aumônier de la maison avec son clergé. Le Roi étoit accompagné de Monseigneur le Dauphin, des princes du sang et des principaux officiers de sa maison; les sœurs hospitalières marchoient ensuite. Les princesses n'avoient pu pénétrer avec le reste du cortége dans l'intérieur de l'hospice. La foule, qui se pressoit sur leur passage, arrêta long-temps leur marche, en leur prouvant néanmoins son respect, et son amour, et en les couvrant, comme Sa Majesté, de toutes sortes de bénédictions.

A l'entrée de la chapelle, Monseigneur le grand-aumônier présenta l'eau-bénite au Roi, qui fut ensuite conduit à son prie-Dieu. Là, prosterné dans un profond recueillement, CHARLES X unit ses prières à celles que chantoit le chœur, pour attirer les grâces du ciel sur sa personne, et sur les infortunés qu'il venoit soulager. Ce fut à cet instant que les princesses vinrent rejoindre Sa Majesté. Alors le Roi, toujours accompagné du même cortége, se rendit dans la salle dite de sainte Agnès, où l'attendoient les malades et M. Dupuytren ainsi que M. Noël, Médecin de l'hospice, qui les avoit visités. Cent trente malades, au moins, tant de la maison que du dehors, furent présentés à Sa Majesté, qui les toucha tous, suivant l'ancienne forme, et en prononçant les anciennes paroles : *Dieu te guérisse, le Roi te touche.* C'étoit l'aumônier de la maison qui les présentoit successivement ; M. Dupuytren et M. Noël marchoient à ses côtés. Tout le monde étoit attendri jusqu'aux larmes, à la vue de la miséricordieuse émotion dont paroissoit pénétré CHARLES X dans l'exercice de ce nouveau ministère, et surtout lorsqu'après avoir fait distribuer des secours à ceux qu'il venoit de toucher, il leur dit : « Mes chers amis, je vous ai apporté des paroles de consolation ; je souhaite bien vivement que vous guérissiez. »

Sa Majesté alloit se retirer ; mais tout-à-coup les hospitalières demandent pour elles la même faveur que pour les malades confiés à leurs soins. Elles crurent devoir appuyer cette démarche, en faisant représenter au Roi qu'elles regardoient ce bienfait comme un préservatif contre la contagion qui les menaçoit toujours de si près, et que les Rois ses prédécesseurs, avoient daigné accorder à leurs devancières, en pareille circonstance, la grâce insigne qu'elles osoient réclamer aujourd'hui. « Qu'elles s'avancent, dit alors sa Majesté. » Et, en même-temps Elle posa sa main sur celle de l'une des sœurs qui s'étoit rendue promptement à cette invitation, et qui, croyant deviner l'intention du Prince, baisa respectueusement la main qui lui avoit été présentée avec tant de bonté, puis se tourna vers les autres et leur dit en se relevant : « Approchez, mes » sœurs, Sa Majesté nous permet de lui baiser la main. » « Et moi, leur dit le Roi, après cette scène si intéres- » sante pour elles, je vous remercie, mes sœurs, vous » avez bien soin de mes pauvres. »

La présence des princesses ne produisit pas dans l'hospice une moins vive sensation; leur tendre sollicitude y a laissé de profonds souvenirs. Madame la Dauphine, pendant le toucher des malades, édifioit les sœurs, en s'entretenant avec elles d'une foule d'objets sur lesquels sa charité compatissante ne se lasse jamais de lui faire porter des regards aussi soigneux qu'éclairés.

En un mot, la station du Roi dans ce lieu de souffrances, en y répandant la joie et le bonheur, inspira en particulier aux infirmes une pieuse reconnoissance. Immédiatement après la sortie de Sa Majesté, devenus, par les adieux touchans qui leur avoient été adressés, plus confians encore dans la vertu de l'onction royale (33), ils se réunirent et allèrent à la chapelle remercier la divine Providence des faveurs dont elle les avoit comblés dans cette précieuse journée. Bien plus, leurs actions de grâces furent suivies d'une collecte faite entre eux, destinée à faire célébrer des messes pour la conservation des jours de leur auguste bienfaiteur et de son illustre famille, et pour la prospérité du royaume (34).

Le vœu royal et tous les désirs particuliers étant accomplis à saint Marcoul, le cortége reprit sa marche et se dirigea vers l'église de saint Remi. Toujours accueillie avec le même transport, toujours saluée par des acclamations que rien ne put jamais ralentir, Sa Majesté s'avançoit sans avoir d'autre garde qu'un peuple immense qui la côtoyoit, qui la pressoit même, mais avec un ordre admirable, et elle paroissoit aussi heureuse que ceux qui lui devoient en ce moment le plus beau jour de leur vie.

La basilique de saint Remi dont, trois mois auparavant, l'état de dégradation étoit alarmant, se trouvoit, par suite des efforts les plus assidus et les plus heureusement combinés, consolidée, du moins pour l'instant, assez bien pour inspirer une entière sécurité. Elle avoit même reçu quelques décorations, dont le motif étoit de faire disparoître les traces informes ou des travaux déjà commencés, ou des réparations qui n'étoient encore qu'indiquées. Ce fut ainsi qu'un large perron, longeant toute la façade de l'église, en rendit l'abord commode et gracieusement préparé.

De son côté, le pasteur de cette paroisse prévenu, dans la soirée du 30 mai, de la visite royale, réunit au plutôt auprès de lui les vicaires et les administrateurs de la fabrique, et tous se mirent sur le champ en devoir de faire dans cette église toutes les dispositions nécessaires, pour recevoir dignement l'oint du Seigneur. Par leurs soins, ce vaste temple, qui n'aguères servoit en grande partie d'atelier, reparut bientôt dans l'état d'ordre, de décence et de propreté qui convient au lieu saint, et la châsse du glorieux Apôtre de la France fut placée au bas des degrès du sanctuaire, pour être ainsi exposée, d'une manière plus immédiate, aux regards et à la vénération du Roi et de son auguste cortége.

Tout étoit prêt, et il étoit environ onze heures et demie, lorsque le cortége royal arriva. Madame la Dauphine, Madame, Duchesse de Berry, Madame la Duchesse d'Orléans et Mademoiselle d'Orléans, qui s'y étoient rendues quelque temps auparavant dans leur calèche, et qui avoient profité de cet intervalle pour visiter l'intérieur de l'église, vinrent alors se grouper autour de Monseigneur l'Archevêque de Reims et de M. le curé, qui attendoient le Roi sur le perron. Sa Majesté fut reçue par le prélat qui lui présenta l'eau bénite, et par le pasteur qui eut l'honneur de la complimenter en ces termes :

SIRE,

« C'est dans ce temple que vos illustres ancêtres, aux
» jours solennels de leur Sacre, sont venus donner l'exem-
» ple de leur piété édifiante et consacrer à Dieu les pré-
» mices de leur royauté. Héritier de leur sceptre et de
» leurs vertus religieuses, vous vous empressez, comme
» eux, d'y venir offrir le même hommage au Dieu de
» Clovis, et de mettre votre personne sacrée sous la pro-
» tection du glorieux saint Remi.

» En entrant dans cette auguste basilique, élevée en
» son honneur, contemplez, Sire, ces voûtes antiques,
» ce monument majestueux que nos soins et la piété
» des fidèles n'avoient pu encore que foiblement réparer,
» mais qui, grâce à votre royale munificence, commence
» à reprendre son éclat et sa splendeur. Déjà il est digne
» de recevoir un Roi de France.

» Avancez, Sire, vers ce vénérable tombeau, où re-
» posent les précieux restes de notre grand Apôtre. Là,
» prosternés aux pieds de ce puissant protecteur des lys,
» nous le prierons tous, de concert, d'obtenir de celui
» par qui règnent les Rois, vous, Sire, la paix et la

» tranquillité du royaume, et nous, la conservation des
» jours, précieux de la royale personne de CHARLES le
» bien-aimé, et le bonheur de son auguste famille ».

« Oui, Monsieur le curé, répondit le Roi, approchons-
» nous de ce saint tombeau ; prions pour le bonheur de
» mon peuple ; tâchons d'obtenir la force et la sagesse
» de le bien gouverner et de le rendre heureux ».

Sa Majesté fut alors conduite sous le dais au pied du
sanctuaire, où un prie-Dieu et un fauteuil avoient été
préparés. Monseigneur le Dauphin, Monseigneur le Duc
d'Orléans, Monseigneur le Duc de Bourbon, les princesses et plusieurs grands officiers de la maison du Roi
l'accompagnoient. Toutes les autres personnes qui avoient
jusqu'alors formé son cortége, étoient restées auprès de
l'entrée de l'église, en dehors. Le Roi fit sa prière, pendant laquelle le chœur invoqua sur sa personne sacrée
la protection divine. Sa Majesté s'étant ensuite approchée
de la châsse, M. le curé lui présenta les reliques de
Saint Remi. Le Roi les toucha avec une grande vénération,
se rendit de là au tombeau (35), en fit le tour, revint à
son prie-Dieu, d'où, après une courte prière, il fut reconduit jusqu'à la porte de l'église avec le même cérémonial
qui avoit été observé à son entrée. Le très-petit nombre
de témoins qui ont eu le bonheur d'assister à cette visite,
n'a pu voir, sans être édifié et saisi d'admiration, la fer-
veur avec laquelle la famille royale adressoit au ciel ses
prières et ses vœux.

Après avoir consacré les prémices de cette journée à
des devoirs religieux, dont il avoit si vivement témoigné
le désir de s'acquitter, CHARLES X avoit résolu d'en
employer le reste à remplir de nouveaux engagemens,

qui, sous d'autres rapports, ne lui étoient pas moins chers.

Non loin de Saint Remi, à une demi-lieue de la ville, dans une plaine spacieuse, baignée d'un côté par les eaux de la Vesle, étoit assis un camp où dix mille hommes de toutes armes avoient été réunis pour composer la garde du Roi pendant son séjour à Reims. Sa Majesté s'étoit promis de les passer alors en revue, et la journée du 31 avoit été fixée pour cette fête militaire. Le Roi étoit de plus dans l'intention d'y distribuer un certain nombre de décorations. S'étant donc déterminée à se rendre sur le terrain même, si bien occupé par l'honneur et la fidélité, Sa Majesté, en sortant de Saint Remi, prit le chemin du camp par la porte Fléchambault, et vers midi et demi, les deux batteries, la musique de tous les corps et les acclamations d'une population de plus de cent mille âmes, accourue tant de la ville que des environs, saluèrent son arrivée.

Parvenu à un pavillon qui regardoit le centre de la ligne et où les princesses l'avoient devancé, le Roi s'y arrêta, et considéra quelque temps l'ensemble du camp, qui de ce point offroit à l'œil le plus magnifique développement. Sa Majesté entra ensuite dans le camp, le parcourut dans toute sa longueur, et examina avec un air de satisfaction les ornemens dont les soldats avoient pris soin d'embellir ce séjour (36). Le Roi était accompagné des princes, suivi des princesses en calèche découverte, et entouré d'un brillant état-major, où l'on remarquoit MM. les ministres de la guerre et des affaires étrangères, M. le Maréchal Duc de Bellune, Major-Général, plusieurs autres maréchaux, M. le Duc de Polignac, premier

Écuyer, plusieurs, lieutenans-généraux et maréchaux de camp, ainsi qu'un grand nombre d'officiers étrangers de la suite des ambassadeurs. Les princesses saluoient les soldats de l'air le plus affable; Monseigneur le Dauphin saluoit et étoit salué tour-à-tour; le Prince, à chaque pas, trouvoit des connoissances (37).

Sa Majesté étant allée se placer en avant de la tente qui lui avoit été préparée, les colonels firent sortir des rangs les officiers et soldats qui devoient recevoir des récompenses. Le Roi remit de sa main aux uns la croix de Saint Louis, aux autres celle de la légion d'honneur, en leur adressant successivement des paroles pleines de bienveillance (38).

Après cette distribution qui répandit la joie et l'encouragement dans tout le camp, M. le Maréchal Duc de Bellune, ayant pris les ordres de Sa Majesté, fit mettre les troupes en colonne par division, et elles défilèrent ayant le major-général à la tête. Le spectacle de cette marche guerrière où les regards animés du Monarque enflammoient ceux du soldat, électrisa, enivra tous les cœurs. Au camp surtout, l'enthousiasme fut à son comble, lorsqu'après la revue, l'ordre du jour suivant y fut publié par M. le Duc de Bellune de la part de Sa Majesté : « Monsieur le Maréchal, dites à ces troupes que je désire qu'elles soient aussi contentes de moi que je suis satisfait d'elles ».

Le Roi quitta ainsi le camp, toujours entouré des flots de son peuple, dont il favorisoit et protégeoit les transports, et le cortége rentra par la porte de Dieu-Lumière dans la ville, dont il traversa la longue suite de rues jusqu'à la porte de Mars. Sur le passage de Sa Majesté se trouvoient d'abord la place Royale où elle s'arrêta quelques instans, pour saluer et contempler la statue de Louis XV, et ensuite la place de la Maison de Ville, où M. le Maire et MM. ses adjoints, à la tête du conseil municipal, l'attendoient, pour lui rendre leurs respectueux hommages, au nom et dans le chef-lieu même de la cité. Le Roi daigna encore suspendre sa marche sur ce nouveau point, et M. le Maire s'approchant aussitôt, « Sire, lui dit-il, » cet hôtel de ville commencé sous le règne de Louis XIII, » vient d'être achevé sous celui de Votre Majesté; il ne » pouvoit l'être sous des auspices plus favorables ». « Quel est, dit alors le Roi en montrant la place Royale, » quel est ce grand édifice que je viens de voir ». « Sire, » répondit M. le Maire; c'est l'ancien hôtel des Fermes, » et la ville changeroit d'aspect, elle seroit très-embellie, » par le moyen d'une percée qui mettroit l'hôtel de » ville en regard de ce bâtiment ». Sa Majesté approuva cette idée, et voulut bien témoigner qu'elle en verroit avec plaisir l'accomplissement.

Parvenu à la porte de Mars, le cortége entra dans les promenades, où la cour et la ville alloient donner et recevoir le spectacle d'une fête tout-à-la-fois de famille et nationale. A l'entrée de ce cours magnifique et si justement admiré, étoit rangée en bataille la garde nationale Rémoise, qui aux autres faveurs que la bienveillance Royale avoit pu lui départir tant au palais que dans les cérémonies publiques, désiroit vivement de voir ajouter celle de fixer d'une manière plus particulière les regards de CHARLES X (39). Enfin le Roi parut, et cette fidèle garde, ayant à sa tête son commandant, accueillit le Monarque au son des fanfares et aux cris cent fois répétés de *vive*

le Roi ! vivent les Bourbons ! Sa Majesté en parcourut
le front au pas, recevant avec l'empressement le plus
aimable diverses suppliques qui lui furent présentées ;
puis s'étant placée avec tout son cortége dans le vaste
carré qui fait face à la porte Neuve, elle permit que
ce corps défilât devant elle.

Près de là étoit le grand Boulingrin de la promenade,
où une suite de portiques, construits en forme d'amphithéâtre et qui frappoient agréablement l'œil du spectateur
par leur élégante simplicité, offroient, sous le nom de
Bazar, les produits de l'industrie de la ville et du département (40).

Le Roi s'avança vers ce local, à l'entrée duquel il mit
pied à terre, ainsi que les princes, les princesses et une
partie des officiers de leur suite. M. le Maire qui s'y étoit
rendu avec le corps municipal et la chambre de commerce, pour recevoir l'auguste cortége, adressa à Sa
Majesté le discours suivant :

Sire,

« Le commerce de Reims et du département, dont j'ai
» l'honneur d'être l'organe, expose aux regards de Votre
» Majesté les produits variés à l'infini de ses manufactures.
» Il va recevoir de la visite que vous daignez lui accorder,
» une nouvelle vie. Ces produits, presque tous à l'usage
» du peuple, ont le mérite de la solidité et du bas prix.
» Ils sont connus jusque dans les régions les plus éloi-
» gnées. La protection éclairée que Votre Majesté n'a
» cessé de donner au commerce, l'a relevé de ses ruines.
» Il ne peut manquer de prendre un nouvel essor sous le
» règne de Votre Majesté ; que Dieu le prolonge pendant

» de longues années pour le bonheur de vos fidèles su=
» jets, heureux de vivre sous le gouvernement du meilleur
» des Rois.

» J'ai l'honneur de présenter à Votre Majesté les membres
» de la chambre du commerce, et MM. les commissaires,
» qui ont donné leurs soins à l'exposition. »

« Sa Majesté a répondu qu'elle voyoit avec beaucoup
» d'intérêt et de satisfaction les produits de l'industrie
» de la ville de Reims et du département de la Marne ;
» qu'elle feroit tout ce qui dépendroit d'elle pour la
» prospérité des manufactures ; qu'elle avoit été touchée
» de voir avec quel zèle les manufacturiers s'étoient em=
» pressés de concourir à cette exposition ».

Le Roi fit alors le tour de l'amphithéâtre ; chaque fabricant l'attendoit dans l'emplacement qui lui avoit été
assigné. Des draps, des casimirs, des flanelles, des mé-
rinos, des circassiennes, en un mot des tissus de laine
de toute espèce, de toute qualité, de tout prix, sortis
de la fabrique de Reims ; de riches tapis de pied, des
chapeaux de bourre en soie, imitant la paille, des meubles
élégans en bois indigène ; des pompes à incendie dont le
travail fini n'attiroit pas moins les regards, des papiers
et des cartons, des pains d'épice, des biscuits, des poires
de rousselet, des livres élégamment et richement reliés,
de la coutellerie ; des chefs-d'œuvre d'horlogerie dûs à
l'école royale des arts et métiers de Châlons, composoient cette exposition, qui montroit à l'Europe réunie
ce que peut l'industrie d'un seul département de la
France (41).

Le Roi visita tous les étalages, entra dans tous les
détails de chaque produit qui lui étoit successivement

présenté, multiplia les questions avec autant d'intérêt que de discernement, et distribua partout les encouragemens et les éloges avec cet à-propos et cette amabilité par lesquels il sait toujours captiver les cœurs. Sa Majesté daigna même témoigner par une preuve encore plus sensible tout le prix qu'elle attachoit à cette réunion d'objets si intéressans et si variés ; en faisant l'acquisition d'un nécessaire garni d'une élégante coutellerie en or et en nacre , et d'une belle table tirée du tronc d'un orme de la promenade.

Dans cette revue industrielle , Monseigneur le Dauphin et les princesses s'arrêtoient avec complaisance à chaque portique et examinoient avec le soin le plus délicat ce qu'il renfermoit. Les princesses firent aussi plusieurs emplettes et demandèrent même qu'on leur envoyât la liste des fabricans qui avoient concouru à l'exposition.

La visite du Bazar qui dura trois quarts d'heure étant terminée , le Roi remonta à cheval et se retira , en adressant à ceux qu'il paroissoit quitter à regret ces paroles si obligeantes : « Adieu, mes enfans, j'espère que je vous porterai bonheur ». A ces mots, les acclamations que l'avidité de recueillir les paroles de Sa Majesté avoit pu seule interrompre, éclatèrent avec une nouvelle force. Toutes les voix applaudissoient à l'envi au témoignage solennel qu'avoit rendu le Monarque à l'industrie et aux arts, et tous les cœurs acquittoient avec un égal empressement la dette de la reconnoissance pour le riant espoir qu'il venoit de leur laisser.

Cette journée dont toutes les heures avoient été signalées par des bienfaits , sembloit sans doute ne laisser rien à désirer. Mais le Titus de la France ne la crut pas encore suffisamment remplie, et CHARLES X voulut la terminer par une nouvelle faveur. Le soir étoit venu, et la promenade, où tous les plaisirs s'étoient donné rendez-vous, étoit illuminée. Dans la grande allée qui la traverse d'une extrémité à l'autre, régnoit symétriquement une suite de guirlandes de feu suspendues à des ifs placés à des distances égales. Des orchestres de danse avoient été disposés dans le grand carré au bord de l'eau. Des tentes et des tréteaux dressés à l'entour offroient des divertissemens de toute espèce. Sa Majesté voulut participer à la joie de la grande famille, et vers les neuf heures, Elle monta en voiture pour se rendre au lieu de la réunion générale. Les princes et les princesses l'y suivirent aussi en voitures. Le cri d'amour se fit entendre sur tous les points du passage du Roi, et particulièrement dans la promenade, qu'il parcourut au pas, ainsi que la famille royale, saluant avec bonté toutes les personnes qui s'empressoient de l'approcher. Dans ces derniers instans trop promptement écoulés, en voyant la satisfaction qui brilloit dans les yeux de Sa Majesté et le sourire affectueux prononcé sur ses lèvres, on eût dit que c'étoit Elle qui étoit redevable à son peuple du bonheur qu'elle étoit venue lui apporter.

La matinée du 28 mai avoit été consacrée à l'espérance ; celle du premier juin étoit destinée aux regrets. La Ville du Sacre avoit reçu toute la plénitude des honneurs qui lui avoient été promis ; et le terme fixé pour le départ de Sa Majesté étoit arrivé. A huit heures du matin, le Roi, accompagné de Monseigneur le Dauphin, de Madame la Dauphine, de Madame, Duchesse de Berry, et de quelques-uns de ses officiers, se rendit, par la galerie couverte, à la cathédrale, où il fut reçu par Monseigneur l'Archevêque de Reims. Il y entendit la Messe, fin de laquelle il examina et approuva de nouveau l'ensemble et les détails des décorations de cette basilique.

Cependant tout était prêt pour le départ de Sa Majesté; une voiture attelée de huit chevaux l'attendoit au bas des degrés du portail. Le Roi s'y rendit et y monta avec Monseigneur le Dauphin (42), après avoir reçu les adieux de Madame la Dauphine et de Madame.

Depuis le matin, toute la population de Reims remplissoit les avenues de l'archevêché et le parvis de la cathédrale. Chacun vouloit mettre à profit le peu de temps qui lui étoit encore accordé, pour contempler des traits chéris, dont bientôt il n'alloit plus lui rester que le touchant souvenir. Au moment du départ, dans toutes les rues que devoit parcourir sa Majesté, même foule, même empressement pour l'entourer et pour faire éclater à ses yeux les transports d'une éternelle reconnoissance.

A la sortie de la ville, où étoient rangés sur deux lignes deux détachemens de la garde nationale rémoise, l'un à pied, l'autre à cheval, M. le Préfet de la Marne, M. le Sous-Préfet de l'arrondissement de Reims, et M. le Maire avec MM. ses Adjoints, à la tête du conseil municipal, ont présenté de nouveau leurs hommages respectueux au Roi, qui a dit à M. le Maire : Je suis touché
» des sentimens d'attachement à ma personne qu'ont ma-
» nifestés les habitans de Reims; je n'oublierai jamais
» l'accueil que nous avons reçu, moi et ma famille, dans
» la Ville du Sacre; je suis content, très-content, je vous
» prie de le faire savoir. »
Alors la voiture du Roi s'éloigna, et la garde nationale

à cheval, prenant son rang, l'escorta jusqu'au premier relais, où Sa Majesté reprit une voiture de voyage.

Madame, Duchesse de Berny, partit une heure après le Roi.

Les honorables et consolans adieux de CHARLES X aux Rémois étoient pour eux une espèce de dédommagement de leur nouvelle solitude. Cependant le Monarque ne se borna point à cette marque de bienveillance, en les quittant; il leur laissa Madame la Dauphine, dont la bonté avoit généreusement prévenu le vœu royal, en témoignant le désir de prolonger son séjour dans une cité qui lui inspiroit tant d'intérêt.

La princesse, dans une audience qu'elle avoit daigné accorder, quelque temps avant le Sacre, à madame Ruinart de Brimont, Présidente de la société de la charité maternelle de Reims, avoit bien voulu promettre à cette Dame, sur sa demande respectueuse, de recevoir, lors de son séjour dans cette ville, tous les membres de la société, et de les réunir ensuite en séance sous son auguste présidence. La mère des pauvres n'avoit point oublié cet engagement, et il lui tardoit de le remplir.

D'un autre côté, Son Altesse Royale avoit jugé l'ancienne capitale de la Gaule Belgique, la Ville du Sacre, digne d'un examen étendu et de ses regards particuliers. Antiquités, églises, hôpitaux, monumens et édifices publics, commerce, industrie, richesses littéraires; elle avoit résolu de tout voir, de tout connoître. Mais elle avoit cru devoir attendre un moment favorable qui lui laissât une entière liberté, et elle avoit fixé la journée du premier juin pour l'accomplissement de ses nobles désirs. Elle avoit communiqué son projet à M. le Maire, qui se

fit un devoir d'aller au devant de ses vœux, en lui re-
mettant, la veille, une notice exacte et détaillée, concernant tous les lieux et tous les établissemens qu'elle se
proposoit de parcourir.

Le premier juin arriva, et dès le matin, avant la
messe qui précéda le départ de Sa Majesté, Madame la
Dauphine ouvrit le cours de ses visites, en allant, avec
Madame, Duchesse de Berry, au calvaire qui fut érigé
près de la porte de Mars, à l'époque de la célèbre mission de 1821. A peu de distance s'élève, sortant de ses
ruines, un arc de triomphe, monument des Romains; les
deux princesses y portèrent leurs pas, et il fixa aussi
leur attention.

Un peu après le départ du Roi, Madame la Dauphine,
n'ayant avec elle qu'une dame d'honneur, alla visiter
l'église de Saint Jacques. Elle y fit sa prière, et, sans se
faire connoître, elle demanda le curé de cette paroisse,
qui, arrivant aussitôt et l'ayant reconnue, lui présenta
ses très-humbles hommages. Elle s'avança alors avec lui
vers le chœur, et lui parla du beau crucifix en bois qui
en domine l'entrée, ainsi que du tableau de la Trinité du
Guide, qu'on voit derrière le maître-autel. Après s'être
arrêtée devant ces deux morceaux qui parurent l'attacher, et fait quelques observations sur les dégradations de
certaines parties de cette église, elle adressa des paroles
pleines de bienveillance à M. le curé, et retourna au
palais.

Elle y étoit rentrée, lorsque les dames composant la
société de la charité maternelle, ayant à leur tête Madame Ruinart de Brimont, leur Présidente, et suivies du
trésorier, s'y rendirent de leur côté à l'heure indiquée.

Madame la Dauphine les fit introduire dans une des salles de son appartement, et vint les y trouver avec un empressement qui les toucha vivement. Ensuite, après avoir reçu avec bonté leurs hommages et ayant pris place au bureau, elle les invita à s'asseoir et s'entretint avec elles de tout ce qui concerne cette belle institution: Elle s'informa spécialement du système et des ressources de l'administration, et elle honora de son approbation tous les détails qui lui furent donnés sur ce double sujet, ainsi que le compte général des travaux de la société depuis son établissement, qu'elle examina avec un soin judicieux. Son active sollicitude s'étendit plus loin; elle témoigna le désir de voir une layette, qui lui fut aussitôt présentée. Elle la déploya, en considéra attentivement toutes les parties, et fit, sur la qualité et la façon de chacune, des remarques dont étoit seule capable la bienfaisance personnifiée. Enfin la princesse se léva, félicita les dames de leur zèle à s'acquitter de l'œuvre charitable dont elles étoient chargées, et les laissa pénétrées d'admiration et de reconnoissance (43).

Madame la Dauphine poursuivit alors les différentes visites qu'elle avoit projetées. Accompagnée d'une dame d'honneur, ainsi que de M. le Sous-Préfet et de M. le Maire, qu'elle avoit daigné admettre dans sa voiture, et, suivie de deux écuyers, elle alla d'abord à l'Hôtel-Dieu. Telle que CHARLES X, qui des fenêtres de son palais, éprouve tant de plaisir à découvrir l'Hôtel-Dieu de Paris, la princesse vouloit promener ses premiers regards dans celui de la Ville Royale. Elle y fut reçue par madame la Supérieure, à la tête de la communauté, et elle en parcourut les salles, tantôt interrogeant avec la charité la plus

compatissante les religieuses qui l'entouroient, tantôt adressant des paroles de consolation aux malades et en particulier
aux militaires qu'elle y rencontra et qu'elle intéresssoit
par ses questions sur le genre de leurs maux et sur les
corps auquel ils appartenoient. Delà, elle fut menée
à la pharmacie, dont elle observa l'ordre et la distribution, puis à la chapelle où elle se recueillit, et elle
fut comblée en sortant des bénédictions de tout l'hospice.

Son Altesse Royale se rendit alors à la maison de fabrique de MM. Assy-Guérin fils et Givelet. La disposition et l'activité des ateliers, les procédés qu'on y em-
ploie, les produits variés qui en sont le résultat, frap-
pèrent particulièrement ses regards, et elle ne voulut pas
s'en éloigner, sans donner une double preuve de sa satisfaction. Elle agréa l'offre, qui lui fut faite, d'une pièce
de circassienne blanche pour Son Altesse Royale Monseigneur le Duc de Bordeaux, et elle laissa des marques
de sa libéralité aux ouvriers qui y étoient réunis.

Elle honora de même de sa présence le vaste établissement, de filature de laines cardées et peignées de MM.
Seillière et Legrand, qui à cette branche d'industrie ont
joint de superbes moulins mécaniques à moudre le blé,
et la belle manufacture de tissus-cachemires de MM. Jobert-Lucas et Ternaux fils; dans ces deux fabriques, elle
donna de nouvelles preuves de sa générosité.

La princesse continuant sa marche, entra dans l'église
de Saint Maurice, où l'on célébroit en ce moment l'office, et dont, pour cette raison, après une courte prière,
elle se contenta de faire le tour. Elle n'avoit qu'un pas à
faire pour aller à l'hôpital-général, où elle se présenta.
madame la Supérieure et les sœurs de l'hospice vinrent

ou plutôt la recevoir, avec M. l'aumônier, qui l'introduisit dans la chapelle, lui présenta l'eau bénite, et l'accompagna jusqu'à un prie-Dieu qui venoit de lui être préparé. Après y être restée quelques instans en prière, elle fut conduite au grand réfectoire, où étoient rassemblés les vieillards et les enfans, qui, sensibles à tant de bienveillance et pleins de leur bonheur, l'accueillirent avec tous les signes de la plus sincère reconnoissance. Elle traversa ensuite les salles et les dortoirs, où, tout en s'entretenant avec madame la Supérieure d'une foule de détails, toujours si intéressans pour elle, rien n'échappa à ses regards attentifs, et elle fut saluée, à sa sortie, par les cris de *vive Madame la Dauphine !*

La consolatrice des malheureux est aussi la protectrice des lettres. La princesse se fit conduire au collége royal, où sa présence inattendue excita une alégresse générale. M. le Proviseur, un des vétérans les plus distingués de l'instruction publique, s'empressa de venir à sa rencontre, à la tête des fonctionnaires de cette maison: Son Altesse Royale alla d'abord à la chapelle, d'où elle porta ses pas vers la grande cour, alors remplie d'une jeunesse enivrée de joie. Elle y reçut, avec son affabilité ordinaire, différens ouvrages qui lui furent présentés par les maîtres et les élèves, adressa des éloges aux uns, aux autres des encouragemens, et se retira, au milieu d'un concert unanime de louanges et de vœux formés pour la conservation de ses jours.

L'hôtel de ville étoit aussi honorablement marqué sur l'itinéraire de Madame la Dauphine. Elle s'y rendit donc, ajoutant à cette faveur celle non moins précieuse de répondre ainsi aux désirs de M. le Maire, qui avoit singulièrement à cœur de l'y recevoir. Ce magistrat la conduisit au balcon, d'où il lui fit remarquer un massif de maisons qui séparent la place de Ville d'avec la place Royale. Il lui développa ensuite le projet conçu par la Mairie d'ouvrir, au travers de ces maisons et du Marché, une rue qui, en établissant entre ces deux quartiers une communication utile et depuis long-temps désirée, contribueroit à l'embellissement de la ville. Son Altesse Royale qui avoit prêté une oreille attentive à l'exposé de M. le Maire, honora de son suffrage ce beau plan que le Roi avoit daigné approuver la veille. Madame la Dauphine, en quittant le balcon, traversa une salle contigüe à celle où se trouve disposée la bibliothèque de la ville. Les portes de ce précieux dépôt littéraire étoient ouvertes; la princesse y tourna ses pas, le visita avec une curiosité éclairée, et voulut bien, en sortant, adresser au bibliothécaire quelques paroles obligeantes et honorables dont l'accent de bonté qui les accompagna, releva infiniment le prix.

Son Altesse Royale, après s'être entretenue encore pendant quelques instans avec M. le Maire, le remercia avec beaucoup d'affabilité, et retourna au palais; mais ce ne fut que pour s'y reposer un moment et y prendre une autre voiture plus simple, où elle monta, accompagnée d'une dame d'honneur et d'un seul officier de sa maison. Elle vouloit une seconde fois se montrer au camp, où elle n'étoit point attendue, mais où son arrivée fut bientôt connue. Un roulement de tambours donna aux soldats, qui y étoient occupés à des ouvrages manuels, le signal de se réunir, et ils se mirent sur le champ en ligne, sans armes. Telle étoit la disposition du camp, lorsque la princesse y arriva. Elle le parcourut, recevant avec sensibilité les témoignages de respect qui lui étoient prodigués sur son passage; ses regards bienveillans transportent de nouveau les militaires, qui font éclater leur profonde reconnoissance. Un mouvement général se manifeste tout-à-coup, des chants se font entendre, ils sont répétés avec un enthousiasme aussi pur que la fidélité qui les a inspirés, et la princesse elle-même veut bien y prendre part, en les animant par ses augustes applaudissemens. Cette scène noble et touchante finit par la retraite de Son Altesse Royale et par les acclamations prolongées de tout le camp.

Le soir de cette journée, dont les Rémois conserveront éternellement le souvenir, Madame la Dauphine admit à sa table Monseigneur l'Archevêque, M. le Sous-Préfet, M. le Maire et plusieurs Officiers généraux.

Le lendemain matin, après avoir entendu la messe à la cathédrale, visité le tombeau de Jovin, Rémois, ancien Préfet des Gaules et Consul Romain, examiné de nouveau l'appareil des constructions qui avoient été faites pour le Sacre dans cette basilique, et réitéré aux architectes le témoignage de sa satisfaction, Son Altesse Royale se mit en route pour Châlons, où elle avoit promis à M. le Préfet de passer la journée, lors de son retour. Elle a trouvé à la porte de Dieu-Lumière M. le Sous-Préfet et M. le Maire, accompagné de MM. ses Adjoints, qui s'y étoient rendus avec la garde nationale. Elle a accueilli, avec plus de bonté que jamais, leurs hommages, et elle n'a pas voulu que M. le Sous-Préfet la suivît jusqu'aux limites de son arrondissement.

Le Sacre a eu lieu à Reims. La cité royale a été remise en possession du plus beau de ses droits. Elle le tenoit de Clovis; CHARLES X vient de le lui confirmer.

Honneur à Clovis, fondateur de la monarchie chrétienne! Honneur à CHARLES X, conservateur des principes religieux de cette même monarchie! La Ville de Reims se glorifioit déjà de faire partie de *cette belle France que* CHARLES X *est si fier de gouverner;* aujourd'hui elle compte un titre de gloire de plus; elle est fière, à son tour, de l'insigne prérogative qui a amené son Roi Bien-aimé dans ses murs, des nombreux témoignages d'affection qu'elle en a reçus, en un mot des honneurs et de l'amour de prédilection dont elle s'est vue l'objet dans les jours de bonheur qui ont lui sur elle.

Devenue résidence royale, Reims a réuni dans son enceinte, avec son Roi, les représentans de tout ce qu'il y a de plus grand sur la terre, tout ce que l'église, l'état et l'épée offrent de plus sacré, de plus imposant et de de plus illustre, et c'est un devoir de dire que le juste empressement qu'y excita la présence de tant de nobles personnages, fût bien compensé par la satisfaction que témoignèrent aux Rémois leurs respectables hôtes.

Reims fut encore le centre de toutes les faveurs. La cathédrale, les paroisses, les hôpitaux, les maisons religieuses, les autorités, les membres des diverses administrations et plusieurs particuliers ont éprouvé les heureux effets de la munificence royale. Sa Majesté a accordé des secours de tout genre et a répandu d'abondantes aumônes (44); Elle a fait distribuer un nombre considérable de médailles en or, en argent et en bronze (45); Elle a conféré des titres honorifiques (46) et donné des croix de la légion d'honneur (47); Elle a de plus fait remettre à quelques personnes de riches présens (48). Par ses soins, et sous ses auspices, le commerce et l'industrie ont été vivifiés, encouragés, récompensés; et des promesses, des espérances émanées de la bouche royale leur annoncent un riant avenir. Plus tard encore, à l'époque de sa fête, Sa Majesté a accueilli avec une rare bienveillance les félicitations respectueuses de M. le Maire, et elle a bien voulu lui donner de nouvelles assurances de l'intérêt qu'elle porte à sa bonne ville de Reims (49).

Les arts y étoient accourus en foule, ils l'ont embellie de leurs chefs-d'œuvre; ils y reviendront encore, pour mettre la dernière main à divers ouvrages déjà commencés ou projetés (50).

Les talens littéraires l'ont aussi enrichie de leurs productions; des pièces de théâtre, des odes, des épîtres, des idylles, ouvrages sortis, presque tous, de la plume de citoyens Rémois, ont célébré l'inauguration de CHARLES X (51).

En un mot, la Ville du Sacre a été honorée, illustrée, favorisée; de son côté, elle croit avoir rempli tous les devoirs que lui prescrivoient le respect, la fidélité et la reconnoissance (52). Elle ne cessera jamais d'environner le trône de sa vénération et de son amour.

VIVE LE ROI! VIVE CHARLES X!

VIVE LA FAMILLE ROYALE! VIVENT LES BOURBONS!

NOTES.

(1. , *page* 2.) M. Assy-Prévoteau, ancien Adjoint au maire, et Juge-suppléant au tribunal de commerce de Reims, excellent citoyen, enlevé par une mort prématurée dans le courant de l'année suivante.

(2. , *page* 2.) Cette députation étoit composée de MM. Maquart l'aîné, Chanoine honoraire de Meaux, Aumônier et Professeur de Philosophie du lycée, connu par d'éminens services rendus à la ville, lorsqu'elle étoit occupée par les troupes étrangères ; Andrieux, Adjoint au maire ; Dessain de Chevrières ; Coquebert de Taizy ; Ruinart de Brimont ; Seillière et Assy-Prévoteau, membres du conseil municipal.

(3. , *page* 3.) Ces ouvrages sont au nombre de six ; savoir :

1.° Sur le Sacre de Louis XVIII ; (par M. Louis *Dessain*, négociant). Reims, 1814 ; in-8.°

2.° Apperçu sur l'importance et la nécessité du Sacre, par M. Ch. Del. (Charles *Delaunois*) employé à la grande aumônerie. Paris, 1816 ; in-8.°

3.° Du Sacre, (par M. l'abbé *Godinot-Desfontaines*): Paris, 1819 ; in-8.°

4.° Mémoire sur le Sacre à Reims ; par M. J. B. F. *Géruzez*. Reims, 1819 ; in-8.°

5.° Le Sacre et Reims. Reims, 1819 ; in-8.°

6.° Reims est la ville du Sacre, par M. Antoine *Bertin*, Curé de Saint. Remi. Reims, 1819 ; in-8.°

A ces ouvrages ajoutez le suivant, qui a paru quelques années plus tard et qui est intitulé : Notices historiques sur le Couronnement des Rois de France, depuis Clovis jusqu'à Charles X... etc... par M. P. A. *Dérodé*, membre du conseil municipal et de la chambre de commerce. Reims, 1825 ; in-8.°

(4. , *page* 4.) Tous les points fondamentaux des cérémonies de l'inauguration de nos rois ont été observés au Sacre de Charles X. La liturgie y a subi, il est vrai, quelques changemens notoires ; le serment du royaume a présenté une addition frappante ; mais ces modifications, qui, d'après les principes de la monarchie actuelle, étoient devenues indispensables, n'ont altéré en rien tout ce qui constitue la cérémonie elle-même.

La sagesse éclairée des illustres prélats qui ont réglé le nouveau formulaire du Sacre et l'auguste consentement du monarque, qui, dans cette circonstance solennelle, s'est montré si religieux observateur des usages de ses prédécesseurs, sont, pour tout homme qui pense, des autorités irrécusables.

(5., *page* 4.) Louis XVIII avoit dit, dans son discours d'ouverture des chambres, en 1818 : « J'ai attendu en silence cette heureuse » époque pour m'occuper de la solennité nationale, où la religion con- » sacre l'union intime du peuple avec son Roi. En recevant l'onction » royale au milieu de vous, je prendrai à témoin le Dieu par qui règnent » les rois, le Dieu de Clovis, de Charlemagne et de Saint-Louis ; je » renouvellerai sur les autels le serment d'affermir les institutions fondées » par cette Charte que je chéris davantage, depuis que les François, » par un sentiment unanime, s'y sont franchement ralliés.

(6., *page* 5.) Monseigneur Jean-Baptiste-Marie-Anne-Antoine de Latil, premier Aumônier de S. A. R. Monsieur, frère du Roi. Ce prélat étoit en 1789 Vicaire Général de monseigneur l'Evêque de Vence. Contraint par la tempête révolutionnaire à s'éloigner de la France, il se réfugia à Dusseldorf, où ses talens et son éloquence lui acquirent bientôt une réputation distinguée, et monseigneur le comte d'Artois, aujourd'hui Charles X, s'empressa de se l'attacher en qualité d'aumônier. M. de Latil obtint de plus en plus la confiance du prince qui, rentré en France avec lui, présenta l'homme de son cœur à son auguste frère. Honoré du choix de Louis XVIII, M. de Latil eut une grande part dans les délibérations relatives au Concordat de 1817. Les services qu'il rendit alors à la Religion et à l'État, furent appréciés par le sage monarque, qui lui conféra l'évêché d'Amyclée, puis celui de Chartres. La mort de monseigneur de Coucy fournit bientôt à Louis XVIII l'occasion de récompenser d'une manière plus éclatante le mérite de monseigneur de Latil, en le plaçant sur le siége archiépiscopal de Reims. Charles X étant monté sur le trône, le jugea digne de nouveaux honneurs, et le créa pair de France et commandeur de ses ordres. Sa Sainteté le pape Léon XII à toutes ces faveurs ajouta celle d'autoriser monseigneur l'archevêque de Reims à porter, dans les différentes cérémonies du sacre , l'habit de cardinal.

(7. , *page* 6.) Les membres désignés pour composer cette députation furent MM. Grimprel du Goulot , Président du tribunal civil ; le chevalier Delamotte-Barrachin , Président du tribunal de commerce ; Lespagnol de Bezannes , commandant de la garde nationale ; Baron de Haussay , chevalier de S. Louis ; Jobert-Lucas et Bertherand-Sutaine , Négocians , tous faisant partie du conseil municipal. MM. le comte de Gestas ; Sous-Préfet de l'arrondissement de Reims ; Andrieux , Camu-Didier et Assy = Villain , Adjoints à la mairie , se rendirent avec empressement à l'invitation qui leur fut faite de se réunir à la députation, qui a été présidée par M. le maire.

(8. , *page* 10.) Charles X ; dans le discours d'ouverture des Chambres en 1825 , annonça l'intention où il étoit de se faire sacrer à Reims , en ces termes : « Je veux que la cérémonie de mon sacre termine la » première session de mon règne. Vous assisterez , Messieurs , à cette » cérémonie. Là, prosterné au pied du même autel où Clovis reçut l'onction » sainte ; et en présence de celui qui juge les peuples et les rois , je » renouvellerai le serment de maintenir et de faire observer les lois de » l'état et les institutions octroyées par le Roi mon frère ; je remercierai » la divine providence d'avoir daigné se servir de moi , pour réparer » les derniers malheurs de mon peuple , et je la conjurerai de conti- » nuer à protéger cette belle France que je suis fier de gouverner. »

(9. , *page* 10.) Cette députation , présidée par M. le maire , étoit en outre composée de MM. le chevalier Delamotte-Barrachin , Président du tribunal de commerce ; Lespagnol de Bezannes , Commandant de la garde nationale ; Jobert-Lucas , négociant , et Baron de Haussay , Chevalier de Saint Louis.

(10. , *page* 13.) M. Antoine Bertin , mort en 1823. Ce vertueux pasteur , chéri de tous ses paroissiens , étoit généralement estimé. Les pauvres et les malades trouvoient en lui un consolateur , un ami , un père. Les secours de la religion n'étoient pas les seuls qu'il répan-dit sur eux ; son argent, son mobilier même leur appartenoient plus qu'à lui. Sa noble et respectable indigence en donna la preuve, après sa mort.

(11. , *page* 15.) Le travail du logement pour le Sacre a été fait sous les ordres de MM. le marquis de la Suze, Grand Maréchal , et le comte de Geslin , Maréchal des logis de sa majesté, par MM. les fourriers, ci-dessous dénommés, ainsi qu'il suit :

Dans les sections de Mars et de la Ville , par M. du Monchau , assisté pour la première de MM. Lagoille de Courtagnon et Assy-Olivier , et pour la seconde de MM. Assy-Olivier et Fournéaux-Lasnier.

Dans les sections de Notre-Dame et de Cérès , par M. le comte du Colombier; assisté pour la première de MM. de Courtin et Desrobert , et pour la seconde de MM. Dorlodot des Essarts et Cadot-Prévoteau.

Dans les sections de Dieu-lumière et de Fléchambault, par M. Veytard ; assisté pour la première de MM. Lacatte-Joltrois et Gros-Milet , et pour la seconde de MM. Lacatte-Joltrois et Gilbert-Montlaurent.

Enfin dans les sections du Jard et de Vesle , par M. Blanchard , assisté pour la première de MM. Jobert-Paquot et Duchastel-Legoix ; et pour la seconde de MM. Lespagnol de Chanteloup et Tapin.

(12., *page* 20.) Ces six commissions furent composées :

La 1.re de MM. De Haussay; Dérodé-Géruzez; Barrachin-Ponsardin ; Delamotte-Barrachin et Lespagnol de Bezannes.

La 2.e de MM. Champagne Dereims, Peuvrel-David ; Henriot-Godinot ; Dorlodot des Essarts et Bertherand-Sutaine.

La 3.e de MM. Maillefer-Ruinart ; Navier ; Thierrion-Rogier ; Lespagnol de Bezannes ; Tronsson-Lecomte et Godinot-Rigault.

La 4.e de MM. Fourneaux-Lasnier ; Assy-Olivier ; Miteau-Fillion ; Bertherand-Sutaine ; Sutaine de la Fontaine et de Guignicourt.

La 5.e de MM. Grimprel du Goulot; Dessain de Chevrières ; Baron-Guénart ; Sutaine du Vivier ; Lespagnol de Bezannes et Andrès.

La 6.e de MM. Jobert-Lucas ; Lochet-Godinot ; Andrès ; Seillière-Lelorrain et Regnart-Deligny. Chacune de ces six commissions étoit présidée par M. le maire ou par l'un de MM. les adjoints.

(13. ; *page* 21.) M. le maire s'empressa d'adresser à tous les manufacturiers et à tous les fabricans la circulaire suivante :

« M...., L'auguste cérémonie du Sacre, à laquelle nous devrons
» très-incessamment l'inappréciable honneur de posséder au milieu de
» nous notre Roi bien-aimé, a paru à monsieur le Préfet une occa-
» sion autant heureuse que favorable, de faire connoître à S. M. les
» différentes branches d'industrie du département de la Marne. Reims
» étoit trop intéressé à cette mesure d'une utilité commune à tout le
» département, pour que je ne me hâtasse pas de prendre les moyens
» de mettre à exécution cette pensée d'un administrateur qui nous a
» donné des preuves si multipliées de sa prévoyance paternelle. »

» Une exposition de tous les produits manufacturés, distribués dans un
» local spacieux et décoré avec goût, nous a paru être le mode le plus
» convenable. Ce faisceau de l'industrie départementale trouvera sa place
» à côté de la pompe des cérémonies religieuses, au milieu de l'éclat
» de la Cour, et non loin d'un camp qui réunira l'élite de l'armée.
» Il attirera les regards et fixera l'attention du monarque. »

» L'accueil que reçoivent, sous les brillants portiques du Louvre,
» les produits de notre belle France, nous dit assez que nous réaliserons
» le vœu de S. M., en exposant à ses regards notre richesse industrielle
» dans les lieux qui virent naître Colbert. Nous rattacherons par-là au
» temps présent les souvenirs du grand siècle. »

» Ce concours nombreux de françois occupant les premières dignités
» de l'Etat, et d'étrangers de la plus haute distinction, qui seront les
» témoins de l'active industrie de nos fabriques, est une circonstance
» unique dont vous saisirez l'à-propos, et dont les résultats utiles ne vous
» échapperont pas. »

» J'ai l'honneur d'être, etc. » *Signé* RUINART DE BRIMONT.

*Suivoit un postscriptum signé des membres de la commission et
ainsi conçu.*

P. S. Le but de cette exposition étant de mettre sous les yeux de S. M. un tableau
fidèle de toutes les ressources de l'industrie départementale, tableau où la fabrique de
Reims doit jouer un rôle important, ce seroit en mal saisir l'esprit, que de penser que
es objets de prix ou du travail le plus fini doivent exclusivement y figurer. Beaucoup de
produits d'une consommation générale et d'une nécessité indispensable démontreront, tant
par leur bonne qualité que par leurs prix modérés, au souverain et aux spectateurs de
tout rang et de tout pays, que notre fabrique peut soutenir une concurrence honorable et
avantageuse sur les marchés étrangers.

Signé Jobert-Lucas, Regnart-Deligny, Andrès, Lochet-Godinot et Seillière.

(14. , *page* 24.) Cet acte de clémence qui se renouveloit à chacun des sacres de nos rois, étoit loin de suffire au cœur de Charles X. Il voulut étendre son indulgence jusqu'aux Français bannis pour crimes ou délits politiques ; et une ordonnance datée du 28 mai, jour de l'entrée de Sa Majesté dans la ville de Reims, permit à plus de cent d'entre eux de rentrer en France.

(15. , *page* 28.) La Sainte Ampoule qui, depuis tant de siècles, a servi au Sacre des Rois de France, existe encore, sinon en entier, du moins en partie, et cette partie est authentique. En effet on sait que le 7 octobre 1793, avant d'obéir à l'ordre du conventionnel Rulh qui avoit exigé la remise de cette relique entre ses mains, une pieuse adresse en avoit extrait quelques parcelles, et qu'au moment où ce Représentant brisa la fiole, plusieurs fragmens en avoient été recueillis. La restauration fut justement regardée par ceux qui avoient conservé ces précieux débris comme l'occasion naturelle de les reproduire. Un de nos compatriotes, dont la mort récente excite les plus vifs regrets, M. Dessain de Chevrières, alors procureur du Roi, seconda puissamment cette religieuse intention. Après avoir accueilli avec empressement l'offre que lui firent les dépositaires des restes divers de la Sainte Ampoule de les lui remettre ainsi qu'à M. Bertin, alors Curé de la paroisse de Saint Remi, une enquête fut commencée le 25 janvier 1819 par le zélé magistrat, et l'authenticité des parcelles et des fragmens de la sainte fiole fut constatée par un procès-verbal, dûment signé et dressé en triple minute, dont l'une a été déposée au greffe du tribunal civil.

(16. , *page* 32.) Cette Commission dite des archives, créée par un arrêté de M. le maire en date du 22 février 1822, est composée de six membres, dont les noms suivent : MM. Ruinart de Brimont, maire, président ; Griffon, juge au tribunal civil, Vice-Président ; Jacob-Kolb, Négociant ; Lacatte-Joltrois, Fabricant ; Siret, Bibliothécaire de la ville, et Grassière, Directeur du mont de piété, Secrétaire. Elle a pour objet spécial la mise en ordre des archives et du cartulaire de la ville, et la recherche ainsi que l'étude de ses antiquités, de ses monumens et de son histoire.

Cette commission a entrepris un ouvrage intitulé : *Essais historiques sûr la ville de Reims*, dont elle a déjà publié seize livraisons et qu'elle continue.

Deux mois avant le Sacre, la même commission, ayant été invitée par M.º le Maire à concourir non seulement au rétablissement des inscriptions des portes Bazée et aux Ferrons, mais encore à de nouveaux embellissemens de ce genre, et s'étant occupée sur le champ de ce travail, les portes Bazée et aux Ferrons eurent bientôt retracé leurs anciennes inscriptions, et différens édifices de la ville offrirent les suivantes :

Au-dessus de l'entrée de l'hôtel de la *maison rouge*, sur le parvis de Notre-Dame :

L'AN 1429,

AU SACRE DE CHARLES VII,

DANS CETTE HÔTELLERIE,

NOMMÉE ALORS L'ANE RAYÉ,

LE PÈRE ET LE FRÈRE DE JEANNE D'ARC

ONT ÉTÉ LOGÉS ET DÉFRAYÉS

PAR LE CONSEIL DE VILLE.

Au-dessus de la porte de la maison dite *le long-vêtu*, située au coin des rues de Cérès et de la Vache :

JEAN-BAPTISTE COLBERT,

MINISTRE D'ÉTAT SOUS LOUIS XIV,

EST NÉ DANS CETTE MAISON

LE 29 AOUT, 1619.

Au-dessus de la maison, située au coin des rues du Marc et de la Buchette :

ANTOINE PLUCHE,

AUTEUR DU SPECTACLE DE LA NATURE,

UN DES BIENFAITEURS DE LA VILLE,

EST NÉ DANS CETTE MAISON,

LE 13 NOVEMBRE, 1688.

Au-dessus de la fontaine que la ville a dédiée à la mémoire de son bienfaiteur Jean Godinot :

M.º JEAN GODINOT,

NÉ A REIMS, L'AN MDCLXI,

DOCTEUR EN THÉOLOGIE,

CHANOINE DE L'ÉGLISE MÉTROPOLITAINE,

ET VICAIRE GÉNÉRAL DE L'ABBAYE DE SAINT NICAISE ;

APRÈS AVOIR DONNÉ DE SON VIVANT A SES PROCHES

LE BIEN QU'IL AVOIT REÇU DE SES PÈRES ;

APRÈS AVOIR DÉCORÉ LES TEMPLES ,

FONDÉ DES ÉCOLES GRATUITES ,

ET OUVERT UN ASILE A DES MALADES

JUSQU'ALORS ABANDONNÉS ,

A COURONNÉ TOUS SES BIENFAITS

PAR L'ÉLÉVATION ET LA CONDUITE DE CES EAUX SALUTAIRES,

L'AN DE GRACE M DCC XLVIII.

MM. JEAN LOUIS LÉVESQUE DE POUILLY, LIEUTENANT DES HABITANS,

ET JEAN-FRANÇOIS ROGIER, CONSEILLER DU ROI ,

ONT FAIT PLACER EN M DCC L.

CETTE INSCRIPTION ,

QUI A ÉTÉ RÉTABLIE EN M DCCCXXV ;

PAR DÉCISION DU CONSEIL MUNICIPAL ,

M. RUINART DE BRIMONT ÉTANT MAIRE DE LA VILLE.

(17. , *page* 36) Le Roi venoit de dire à son auguste fils : « Nous allons » verser.... Mon père, répond Monseigneur le Dauphin avec sang » froid , un grand danger nous menace ; mais *la providence est là*. »

(18. , *page* 40.) Paroles de S. M. à M. le maire , dans l'audience particulière qu'elle daigna lui accorder le 7 octobre 1824.

(19. , *page* 41.) Dans la maison située rue de Vesle, n.° 6 ; et occupée par la direction des postes aux lettres.

(20. , *page* 43.) Louis XVI , lors de son sacre, ne voulut point que, conformément à l'antique usage, les rues par où devoit passer le cortége royal , fussent tapissées. « Point de tapisseries, a dit ce bon prince ; » je ne veux rien qui empêche mon peuple et moi de nous voir. »

(21. , *page* 43.) Parmi les inscriptions qui se firent remarquer dans la ville pendant les fêtes du Sacre , on doit surtout distinguer celles qui, dès le jour de l'entrée du Roi , ornoient dans la rue de Vesle le dessus du petit portail de l'église paroissiale de S. Jacques. Dans la partie supérieure d'un cartouche enchassé sous un portique peint en style gothique, on lisoit :

HÉRITIER DES VERTUS DE NOS ROIS TES AYEUX,

TON SACRE DANS NOS MURS VA COMBLER TOUS LES VOEUX.

Au-dessous :

SI LES LYS, Ô FRANÇOIS, SONT CHERS A TA MÉMOIRE,

QUI PEUT S'EN ÉTONNER? LES LYS ONT FAIT TA GLOIRE.

AH! SI JAMAIS TU PERDS UNE AUSSI NOBLE FLEUR,

FRANCE, TOUT EST PERDU, TA GLOIRE ET TON BONHEUR!

Ces vers sont la traduction de deux vers latins, qui étoient placés au bas du cartouche :

LILIA GALLUS AMAT; QUID MIRUM? GLORIA GALLI

LILIA; SI DEERINT, EHEU! SIMUL OMNIA DEERUNT.

(22, *page* 44.) Le dais, d'une richesse et d'un travail admirables, forme un carré long de huit pieds de longueur sur sept de largeur, et porte douze pieds de hauteur. Il est élevé sur six colonnes de bronze doré, surmontées aux quatre coins par des panaches blancs, et un couronnement formé par un groupe de chérubins qui supportent un globe dominé par une croix, en termine la plate-forme. Le champ des quatre pentes, dont le tissu est un brocard d'or relevé sur or, est orné de quatre sujets symboliques et religieux; sur la pente de devant, une arche d'alliance, au-dessus de laquelle sont deux anges adorateurs; sur celle de derrière, le Jehovah mystérieux; à droite, l'agneau sans tache reposant sur le livre de vie; à gauche, le pélican qui se saigne pour ses petits. Ces sujets dont le fond est d'or et d'argent, brodés et relevés en bosse, sont accompagnés de chaque côté de couronnes royales sur le chiffre de Charles X. Enfin, le plafond est d'un drap d'or frisé, au milieu duquel on voit un Saint-Esprit, relevé aussi en bosse et brodé en argent.

(23, *page* 48.) Monseigneur de la Fare, aujourd'hui Cardinal et Archevêque de Sens, étoit Evêque de Nancy, lors de la convocation des états-généraux, où il siégea comme député de l'ordre du clergé. Il avoit été choisi pour prononcer le sermon à la messe du Saint-Esprit, qui fut célébrée à Versailles, le 4 mai 1789, pour l'ouverture de cette assemblée, et son discours éloquent et prophétique fit une vive impression.

(24. , *page* 49.) Outre le dais dont il a été parlé et les présens qui ont été déposés sur l'autel pendant les premières vêpres du Sacré , le Roi a fait à monseigneur l'archevêque et à la cathédrale les dons suivans :

A monseigneur l'archevêque ,

Une chappe de drap d'or , avec son agraffe d'un style gothique , et enrichie d'une énorme topaze dans un enchassement d'or et d'émail coloré , avec un gros brillant au milieu de l'orfroi.

Une chasuble de pareille étoffe , sur le dos de laquelle est le monogramme du saint nom de Jésus en brillant , avec l'étole et le manipule , ornés aussi d'un gros brillant central.

Le voile pour le calice , la bourse et la palle , ainsi que le grémial enrichis de même.

Enfin , la mître archiépiscopale , décorée de sept pierres de la plus grande beauté.

A la cathédrale ,

Trois ornemens complets ; le 1.er de drap d'or , composé de huit chappes dont six avec orfroi brodé ; de deux tuniques brodées pour le diacre et le sous-diacre officians ; d'une étole de diacre et de deux manipules pour le diacre et le sous-diacre ; de douze tuniques de procédents , avec six étoles de diacres et douze manipules ; le surplus de cet ornement fait partie des présens que monseigneur l'archevêque a reçus de S. M. : le 2.e ornement , broché en or , composé de dix chappes (celle du célébrant porte un diamant au bas du chaperon) ; d'une chasuble avec une étole , un manipule , une bourse , une palle et un voile de calice , (la chasuble est ornée , au milieu de la croix , du monogramme du Saint nom de Jésus en diamans , et pardevant , d'un autre diamant ; on voit aussi dans chaque croix au bas de l'étole un diamant , ainsi qu'au milieu de la croix , de la bourse et du voile) ; de deux tuniques pour le diacre et le sous-diacre d'office ; d'une étole de diacre et de deux manipules , et de quatre tuniques de procédents : le 3.e ornement , fond d'argent broché , composé de dix chappes , d'une chasuble , avec étole et manipule , voile de calice , bourse et palle ; de deux tuniques pour les diacre et sous-diacre d'office , avec une étole et deux manipules , et de quatre tuniques de procédents ;

Un plat d'offrandes en vermeil ;

Deux navettes pour l'encens , avec leurs cuillers au nombre de quatre , en vermeil ;

Deux instrumens de paix , en vermeil ;

Un bénitier et son goupillon , en vermeil ;

Trois canons d'autel , dont le texte est tracé à la main , avec figures , sous glaces et revêtus d'encadremens en vermeil ;

Deux livres , l'un des épitres et l'autre des SS. évangiles , couverts en velours violet , garnis en vermeil , avec une croix de vermeil au milieu ;

Livre des cérémonies du Sacre ; couvert en maroquin violet , orné des armes de France ;

Deux couvertures pour les pupitres de l'épître et de l'évangile ; en drap d'argent ;

La nappe de communion du Roi , aussi en drap d'argent ;

Deux coussins en velours violet , fleurdelisés en or ;

Douze ceintures en soie blanche moirée , avec glands d'or ;

Vingt-quatre grandes aubes , garnies de dentelles , point d'Angleterre ;

Une nappe de Batiste , garnie de douze aunes de dentelles , point d'Angleterre , pour le maître-autel ... ; etc.....

Plus , pour le petit-autel du Jubé , un Calice , deux buirettes et un plateau , en vermeil ; une croix et quatre chandeliers , en bronze doré , et deux coussins en velours violet , fleurdelisés en or.

Depuis le Sacre , le Roi a fait à la cathédrale présent d'un tapis , garnissant la vaste surface du sanctuaire de cette église , y compris les dégrés qui y conduisent , jusqu'au pallier du maître-autel , qu'il couvre aussi entièrement. Au milieu de ce tapis on voit les armes de France et de Navarre , ombragées par des branches de lis et d'olivier et traversées par le sceptre et la main de justice disposés en sautoir ; au-dessus ainsi qu'au dessous et à l'entour on remarque des arabesques et des cornes d'abondance richement nuancées. L'encadrement dont les angles anté-rieurs sont ornés du chiffre couronné de Charles X , offre des branches de vignes chargées de feuilles et de fruits , auxquelles viennent s'entre-mêler par intervalles des épis de blé. La bordure d'un fond violet est semée de fleurs de lis. Ce tapis a été fabriqué à Aubusson , d'après les dessins de M. Saint-Ange et les plans de M. Mallet , Tapissier , de Paris , qui a été chargé de diriger tout ce qui en concernoit l'exécution.

Sa Majesté a fait aussi présent à l'hospice de Saint Marcoul, d'un riche ornement, composé d'une chasuble et d'une chappe. La chasuble est accompagnée de l'étole, du manipule, d'un voile et d'une bourse. Le fond est en damas violet, semé de fleurs de lis, brodées or fin: L'orfroi est une broderie en or fin sur fond frizé argent, offrant dans les deux bras de la croix deux belles branches de lys, entre lesquelles paroît une colombe brodée en argent et relevée en bosse, au milieu d'une gloire d'or et surmontée d'une couronne d'étoiles. Au-dessous on voit succes-sivement deux branches d'olivier entrelacées qui renferment la couronne royale, et deux guirlandes de lis formant une couronne au milieu de la-quelle est le chiffre de Charles X. Le devant de la chasuble laisse voir à-peu-près les mêmes ornemens. La frange est à graines d'épinards, avec torsades en or fin. Le fond de la chappe est aussi en damas violet, semé de fleurs de lis, brodées en or fin. Les orfrois sont en brocard fond argent frizé, brochés en or. Le chiffre de Charles X est brodé au bas du chaperon, qui est garni d'une belle frange, semblable à celle de la chasuble.

(25., page. 52.) Frappé des différentes et agréables dispositions qui avoient été faites dans le palais ; le Roi dit à ceux qui l'entouroient : « Je suis ici comme aux Tuileries. » Ce témoignage de satisfaction ne fut pas le seul par lequel M. Mazois ait vu son zèle et son talent ré-compensés. Lors du départ du Roi, M. de Cossé lui ayant présenté cet artiste : « Ah ! M. Mazois, lui dit Sa Majesté, je suis très-content de » tout ce que vous avez fait ; tout est d'un goût délicieux et arrangé à « merveille..... C'est bien, très-bien. »

(26. page 58.) Dans les différentes audiences accordées par les princes et les princesses du sang et de la famille royale, plusieurs discours leur ont été adressés. Ils ont été recueillis avec soin, et ils ont paru devoir trouver ici leur place.

DISCOURS PRONONCÉS

Par M. Maquart, Archidiacre et Grand-Vicaire, au nom du Chapitre.

À MONSEIGNEUR LE DAUPHIN.

Monseigneur,

« Combien de fois avons nous, dans les transports de notre joie, adressé au Dieu des armées de solennelles actions de grâces pour les succès extraordinaires et presque miraculeux d'une guerre dont vous n'avez pas trouvé d'exemple dans l'histoire, et qui servira elle-même de modèle aux plus grands capitaines des siècles futurs! Vous avez su adoucir la guerre, humaniser les armes, tempérer la victoire, inspirer partout la confiance, faire passer sous vos drapeaux ceux que vous veniez combattre, et terminer en six mois la campagne la plus mémorable, la plus heureuse pour l'Espagne, la plus glorieuse pour la France. La France a vu avec orgueil qu'elle avoit un héros de plus. Ah ! Monseigneur, quel brillant avenir Votre Altesse Royale promet à la Patrie ! que de gloire au trône, que de bonheur à nos neveux, que de consolations à la religion ! »

A MADAME LA DAUPHINE.

Madame,

« Pendant que votre glorieux époux poursuivoit au delà des Pyrénées la révolution dans son dernier asyle, vous étiez occupée dans les provinces du midi à calmer les esprits, à gagner les cœurs par votre présence, à ramener des serviteurs au Roi. Vous avez aussi vaincu dans ce genre de combat, et vous avez partagé avec le vainqueur de l'Espagne les honneurs du triomphe. Vous triomphez tous les jours, Madame, par l'éclat de vos vertus, par des bienfaits qui se répandent dans toute l'étendue du royaume, par des aumônes qui atteignent tous les genres de malheur.

L'Europe reconnoît avec admiration dans l'héroïne de Bordeaux le mâle caractère de Marie-Thérèse ; l'Église révère en elle la solide piété de Saint-Louis. Votre Altesse est pour le trône comme pour l'autel un ange de paix, un génie tutélaire. »

A MADAME, DUCHESSE DE BERRY.

Madame,

« Dès votre entrée en France, vous aviez su, par vos vertus, par vos grâces et par les charmes de la jeunesse, vous rendre agréable à la cour et chère au peuple François. Mais ce qui vous donne, outre les qualités aimables, droit à notre amour et à la reconnoissance publique, c'est d'avoir donné le jour au rejeton précieux de la famille royale, à un nouveau Joas, à notre Henri. Madame, vous portiez dans votre sein

la France et sa fortune. Ah ! par combien de vœux l'église de Reims n'a-
t-elle pas demandé au ciel cet enfant du miracle ! Élevé par vos soins,
comme Saint-Louis le fut par ceux de la Reine Blanche, DIEUDONNÉ
fera le bonheur et la gloire de Votre Altessse Royale, et s'élevera à la
hauteur de ses destinées. »

Discours de M. De Jessaint, Préfet de la Marne.

A MONSEIGNEUR LE DAUPHIN.

Monseigneur,

« Daignez recevoir nos hommages respectueux et nos vœux. Permettez-
nous d'admirer dans votre personne l'alliance si touchante du courage et
de la vertu. Tandis que les acclamations publiques entourent votre auguste
père et réfléchissent sur vous comme sa plus noble image, votre nom,
Monseigneur, est béni dans les chaumières et célébré par nos braves.
Le ciel a voulu venger la France de ses longues souffrances, puisqu'au
Sacre de Charles X, nous trouvons réuni tout ce qui peut assurer le
bonheur d'un grand peuple et perpétuer ses espérances. »

A MADAME LA DAUPHINE.

Madame,

« Vous allez assister à l'antique cérémonie du Sacre, et vous y serez
entourée des ombres de cent Rois vos ayeux. Quelque grande que soit
cette illustration, la première du monde ; vos vertus, Madame, y ont
encore ajouté. Tous les malheureux vous connoissent. A votre voix, les
larmes tarissent et la douleur se tait. La princesse qui fut un si beau
modèle de courage, en est encore un de cette inépuisable charité qui
semble descendre du ciel. C'est ici, Madame, c'est à Reims, en contemplant son auguste race replacée sur le pavois et consacrée par la religion,
que la fille des Rois devoit recevoir le prix de ses héroïques vertus. »

A MADAME, DUCHESSE DE BERRY.

Madame,

« Votre présence à l'auguste cérémonie qui rassemble ici la famille
royale, émeut tous les cœurs. Eh ! qui peut voir sans attendrissement la
princesse qui, éprouvée au printemps de sa vie, porta l'espérance au

milieu du malheur , celle à qui nous devons l'enfant du miracle qui fera le bonheur de nos neveux !

» La France a contracté avec Votre Altesse Royale une dette immense d'amour et de reconnoissance , dont vous trouvez partout le tribut. Vous exciteriez ces sentimens par vos seules vertus ; et à la grâce dont vous savez les recouvrir , on s'apperçoit , Madame ; qu'en arrivant en France vous avez retrouvé votre patrie. »

A MONSEIGNEUR LE DUC D'ORLÉANS.

Monseigneur ,

« La solennité du Sacre est un jour de triomphe pour les fils de Henri le Grand. Tous sont couronnés dans le chef de cette auguste race, qui a tour à tour montré à nos pères ce que le courage a d'héroïque , la grandeur , d'imposant , et la bonté d'enivrant pour les peuples.

» Monseigneur, vous prenez votre part des sentimens que les François conservent aux descendans du bon Roi , et nous contemplons avec confiance , dans Votre Altesse Royale et sa nombreuse famille , l'appui et l'ornement du trône. »

A MADAME LA DUCHESSE D'ORLÉANS.

Madame ,

« Fille et Épouse d'un Bourbon , Votre Altesse Royale retrouve , dans la solennité du Sacre de nos Rois , le plus grand titre de son illustre famille. Dans chaque siècle , la maison de France a fourni des héros modèles de courage , ou des princesses modèles de vertus. Elle n'en a pas perdu le privilége. Si on en vouloit signaler , il suffiroit de nommer Votre Altesse Royale , et de la montrer au sein de son heureuse famille. C'est-là , Madame , qu'adonnée toute entière aux devoirs sacrés et touchans de mère et d'épouse , vous avez trouvé le trône que votre cœur eût choisi. »

A MADEMOISELLE D'ORLÉANS.

Madame ,

« Vous paroissez à la solennité du Sacre à un titre bien cher aux François , celui de petite fille de Henri IV. Vous reproduisez , Madame , les grâces de l'esprit et la sincérité de ce grand Roi. C'est par-là surtout que Votre Altesse Royale règne sur les cœurs , et qu'elle complète

l'éclat et le bonheur de la famille des princes qui croissent sous ses
yeux. »

A MONSEIGNEUR LE DUC DE BOURBON.

Monseigneur,

« La valeur qui caractérise si éminemment les François, n'eût été
qu'imparfaitement représentée au Sacre, s'il ne s'y fût pas trouvé un
Condé. Partout Votre Altesse Royale a acquitté cette dette de famille ;
et après qu'a cessé l'heure des combats, elle a rapporté au sein de la
paix une grandeur modeste et la bienfaisance qui se cache.

Monseigneur, la France vous découvre, plaint votre solitude et vous
admire ! il n'est pas donné à un prince de votre nom d'échapper aux
regards du siècle et à l'immortalité. »

Discours de M. Grimprel du Goulot, Président du tribunal civil.

A MONSEIGNEUR LE DAUPHIN.

Monseigneur,

« Lors de votre retour d'Espagne, nous avons déposé au pied du
trône le tribut de l'admiration que nous inspiroit le triomphe de la
force et de la sagesse.

Il nous a manqué de pouvoir vous offrir par nous-mêmes l'hommage
de nos sentimens ; nous le pouvons aujourd'hui, Monseigneur, et
cet avantage est un de ceux attachés à cette solennité qui conduit ici
tout ce que nous avons de plus cher.

La France est heureuse, Monseigneur, elle le sera toujours de voir
Votre Altesse Royale investie d'une confiance auguste, récompense
d'une haute vertu.

Votre salutaire influence dans les conseils du Roi produira au dedans tout le bien que vos talens militaires ont fait au dehors.

C'est un sujet de gloire pour l'armée, Monseigneur, c'est un motif de sécurité pour tous, de voir assis près du trône un prince dont
la prudence ne s'est jamais démentie, quelque difficiles qu'aient été les
circonstances où il a plu à la providence de le placer. »

A MADAME LA DAUPHINE.

Madame,

« En approchant de votre personne auguste, l'admiration demeure en suspens entre ce qu'il y a de plus illustre au monde du côté de la naissance, et l'assemblage de vertus qui a servi de cortége à Votre Altesse Royale dès ses plus tendres années.

Dans des situations périlleuses, Madame, une énergie plus qu'humaine ; dans des temps prospères, une bonté ingénieuse à rechercher tout ce qui a besoin d'être secouru ; à ces traits comment ne pas reconnoître la fille de Marie-Thérèse et le sang des Bourbons ?

La France, Madame, heureuse de ce qu'elle possède, tranquille sur son avenir, n'a plus qu'à remercier le ciel, qui, en lui rendant ses princes légitimes, lui a rendu avec eux un bonheur qu'elle ne connoissoit plus.

Votre présence, Madame, excite et réveille dans un cœur tout françois, bien d'autres sentimens auxquels la discrétion commande le silence.

Qu'il nous soit permis de rappeler, Madame, que les exemples de courage n'ont jamais manqué dans notre ordre, et qu'ils revivront toutes les fois qu'ils seront appelés par l'intérêt du trône, ne consultant pour remplir ce devoir que l'inspiration du cœur. »

A MADAME, DUCHESSE DE BERRY.

Madame,

« En plaçant sur les trônes les plus élevés de l'Europe des princes de la maison de Bourbon, la providence a évidemment indiqué qu'elle en vouloit la durée.

Vous l'avez assurée, Madame, et Votre Altesse Royale peut reconnoître aux transports par lesquels sa présence est accueillie dans les lieux où Elle daigne porter ses pas, ce qu'elle a fait pour le bonheur de la France.

Nos mœurs, Madame, ont toujours passé pour les plus douces du monde ; s'il étoit vrai que des temps qui sont heureusement loin de nous en eussent altéré le caractère, elles reprendroient toute leur aménité sous la gracieuse influence de la protectrice des arts et de tous les talens. »

A MONSEIGNEUR LE DUC D'ORLÉANS.

Monseigneur,

« Nous entendons, depuis longtemps, louer les belles qualités de Votre Altesse Royale et le bonheur qu'Elle répand sur tout ce qui l'entoure.

Aujourd'hui, qu'il nous est permis de lui manifester nos sentimens, nous trouvons, Monseigneur, un nouveau prix dans l'heureux événement qui appelle dans cette cité tous les princes qui environnent le trône.

La tendre sollicitude que vous portez, Monseigneur, à l'éducation de votre auguste famille, est un acte de sagesse qui augmenteroit, s'il étoit possible, le profond respect que nous portons au premier prince du sang.

A MADAME LA DUCHESSE D'ORLÉANS.

Madame,

« Vous avez été choisie pour assurer le bonheur du premier prince du sang ; l'espoir de la France se trouve glorieusement confirmé.

Nous voyons avec un vif intérêt, Madame, la nombreuse famille qu'il a plu au ciel d'accorder à votre heureuse union.

Nous savons, Madame, tout ce que les premiers soins exercent d'influence sur le cours de la vie, et ce sera surtout à ceux que Votre Altesse Royale prodigue à ses enfans, qu'ils seront redevables de justifier leur illustre origine. »

A MADEMOISELLE D'ORLÉANS.

Mademoiselle,

« Entourée d'une famille qui vous chérit et dont vous complétez le bonheur, les jours de Votre Altesse Royale se partagent entre les plus douces affections et les délassemens de l'esprit.

Le vôtre, Mademoiselle, brille d'un éclat tel que vos augustes neveux seront dispensés du soin de chercher au dehors les exemples dont leur jeune âge a besoin de s'enrichir.

Après les soins maternels, ce service est celui qui doit occuper la première place dans leur cœur.

Il existe dans le nôtre, Mademoiselle, une admiration qui n'est égalée que par le profond respect que nous portons à Votre Altesse Royale. »

Lors de la réception du corps des officiers de la garde nationale chez Monseigneur le Dauphin, Madame la Dauphine après avoir agréé leurs hommages, voulut bien, faisant allusion à la visite dont elle les avoit honorés le matin de ce jour, au moment où la garde s'assembloit, leur dire qu'ils lui avoient déjà fourni l'heureuse occasion d'être assurée de leurs bons sentimens, et cet auguste témoignage les pénétra de reconnoissance.

(27., *page* 60.) Le trône, que l'art a embelli de ses plus riches et de ses plus savantes décorations, étoit réellement un arc de triomphe, dont la corniche, d'ordre corinthien, étoit soutenue par huit pilastres et douze colonnes, surmontés d'un entablement et terminés par un berceau circulaire. Sur chacune de ses faces, à côté du passage pratiqué sous cet arc pour conduire au chœur, il étoit appuyé sur deux cariatides colossales, figures emblématiques, indiquant, l'une dans la branche et la couronne de laurier qu'elle tient, l'autre dans la couronne de chêne et la branche d'olivier qu'elle porte, la récompense du mérite civil et du mérite militaire. Les parties latérales se composoient de quatre colonnes isolées, surmontées de quatre figures de plein relief, entièrement dorées, portant les insignes de la royauté, le sceptre, la main de justice, la couronne et l'épée. Au-dessus de l'arc principal, deux renommées attachoient des guirlandes de lauriers dessous la frise, sur laquelle on lisoit l'inscription : *Domine, salvum fac Regem*. Ce monument étoit terminé par une plate-forme, sur laquelle les statues de la Religion et de la France soutenoient la couronne royale au-dessus du chiffre de Charles X, que supportoit un ange.

Du centre de la voûte de l'arc, descendoit un somptueux baldaquin, dont les rideaux et les pentes étoient en velours violet, parsemé de fleurs de lis d'or. Le reste de la décoration étoit en cramoisi.

Douze candelabres en or, de forme antique, portant des girandoles, éclairoient cet ensemble magnifique.

(28., *page* 64.) La tribune des princesses brilloit aussi de l'éclat des plus riches parures. Madame la Dauphine portoit une robe brodée en argent sur un fond d'or et un diadême étincelant de diamans. Madame, Duchesse de Berry, avoit une robe lamée d'argent; elle étoit coiffée en cheveux, avec une couronne de roses mêlées de pierres précieuses. Madame la Duchesse et Mademoiselle d'Orléans étoient vêtues de robes blanches brodées d'argent, et coiffées avec des toques blanches, surmontées de plumes de la même couleur.

(29., *page* 64.) L'aube et le rochet que Monseigneur l'Archevêque de Reims portoit à la solennité du Sacre, étoient aussi des dons de Sa Majesté. La dentelle qui les garnissoit, excédoit en beauté et en dimension tout ce qui dans ce genre a été fait jusqu'ici.

(30., *page* 83.). Le bureau de charité de la ville de Reims voulut se charger lui-même de pourvoir et de présider à ces distributions, qui furent répétées le jour de la visite royale au Bazar. Interprétant d'avance les intentions de Sa Majesté, il n'hésita point à consacrer à cette bonne œuvre une somme de douze mille francs; par ses soins, dix-sept cents ménages reçurent, à domicile, des secours en pain, vin, viande, toile et argent, dont une sage répartition leur rendit les effets encore plus sensibles.

(31., *page* 88.) Les chevaliers récipiendaires marchoient dans l'ordre suivant :

<table>
<tr><td>Colonne à droite.</td><td>Colonne à gauche.</td></tr>
<tr><td>MM.</td><td>MM.</td></tr>
<tr><td>Vicomte de Chateaubriant,</td><td>Marquis de Talaru,</td></tr>
<tr><td>Duc de San-Carlos,</td><td>Duc de Doudeauville,</td></tr>
<tr><td>Prince de Castel-Cicala,</td><td>Comte de Villèle,</td></tr>
<tr><td>Vicomte Lainé,</td><td>Maréchal Marquis de Lauriston,</td></tr>
<tr><td>Marquis de Caraman,</td><td>Comte Charles de Damas,</td></tr>
<tr><td>Marquis Dessolle,</td><td>Baron Pasquier,</td></tr>
<tr><td>Maréchal Marquis de Vioménil,</td><td>Duc de Blacas d'Aulps,</td></tr>
<tr><td>Duc d'Avaray,</td><td>Marquis de Rivière,</td></tr>
<tr><td>Maréchal Duc de Raguse,</td><td>Marquis de Latour-Maubourg,</td></tr>
<tr><td>Maréchal Duc de Tarente,</td><td>Duc Decazes,</td></tr>
<tr><td>Maréchal Duc de Conégliano,</td><td>Maréchal Duc de Reggio,</td></tr>
<tr><td>Duc de Lévis;</td><td>Maréchal Duc de Bellune,</td></tr>
<tr><td>Duc de Duras,</td><td>Duc de Dalberg,</td></tr>
<tr><td>Duc d'Aumont,</td><td>Prince de Poix,</td></tr>
<tr><td>Duc de Luxembourg,</td><td>Duc de Grammont,</td></tr>
<tr><td>Prince de Hohenlohe,</td><td>Prince de Talleyrand,</td></tr>
<tr><td>Duc de la Vauguyon.</td><td>Duc de la Rochefoucault.</td></tr>
</table>

M. le Duc de Damas n'a pu assister à la cérémonie, par suite de l'accident de Fismes.

(32., *page* 96.) Savoir : MM. les Ducs d'Uzès, de Chevreuse, de Brissac, de Mortemart, de Fitz-James, de Lorges, de Polignac, de Maillé, de Castries, de Narbonne, le Maréchal Comte Jourdan, les

Maréchaux Ducs de Dalmatie et de Trévise : les Marquis de la Suze, de Brézé, de Pastoret ; le Comte de la Ferronays ; le Vicomte d'Agoult ; le Marquis d'Autichamp ; M. Ravez et M. le Comte Just de Noailles.

(33., *page* 96.) La confiance des malades de cet hospice étoit appuyé sur de grandes et de nombreuses autorités, dont la principale étoit sans doute l'intercession puissante de saint Marcoul, à laquelle les Rois de France eux-mêmes, au temps de leur Sacre, avoient solennellement recours, pour obtenir de Dieu, par leur toucher, la guérison des écrouelles. A ce motif sacré et respectable venoit se joindre une foule de faits, dont l'authenticité leur paroissoit d'autant mieux constatée, qu'ils en avoient plusieurs preuves vivantes sous les yeux. Quoi de plus capable, en effet, d'établir une ferme confiance, que le pieux sentiment qui amena au milieu d'eux un de ceux qui avoient été guéris au Sacre précédent ? « Je viens, dit-il, en se présentant à » l'hospice, remercier les bonnes sœurs qui m'ont si bien accueilli, il » y a cinquante ans, et faire ma prière auprès des reliques de Saint » Marcoul ; » puis, s'adressant à l'une des sœurs, « Voyez, lui dit-il, » les cicatrices de mes plaies ; j'ai eu le bonheur d'être touché par notre » bon Roi, et depuis, je n'ai pas éprouvé le plus léger retour du mal » dont j'étois atteint. » Et comment cette confiance des infirmes ainsi fondée, ne se seroit-elle pas accrue, lorsqu'ils entendirent les tendres souhaits par lesquels Charles X sembloit invoquer leur guérison ? Peut-on s'étonner qu'alors un de ceux que le Roi venoit de toucher, se soit écrié que « Sa Majesté étoit le premier médecin de son royaume ? » Cet heureux à-propos auroit-il été une inspiration, et ne confirme-t-il pas ce que Madame la Dauphine avoit bien voulu dire aux sœurs hospitalières pendant le toucher des malades, en parlant du Roi : « Oui, mes sœurs, sa présence attirera sur votre maison les béné-» dictions du ciel ? »

Le certificat suivant, donné par M. Noël, Médecin et Chirurgien de l'hospice, Praticien célèbre, et homme intègre, dont personne assurément ne suspectera la véracité, doit trouver ici sa place :

« Je soussigné, docteur, chirurgien et médecin de l'hospice des scrofuleux, depuis cinquante-six ans, certifie avoir scrupuleusement examiné les plaies des nommés Jean-Baptiste Camus, Marie-Clarisse Faucheron,

Suzanne Grévisseaux, Marie-Élisabeth Collin et Marie-Anne Matthieu, avant leur entrée à l'hospice; et avoir reconnu et constaté par un certificat nécessaire pour leur admission, qu'elles étoient indubitablement toutes de nature scrofuleuse; je certifie de plus que les plaies de ces cinq invidus sont depuis deux et trois mois guéries, et qu'il n'a été employé pour leur guérison que le traitement habituellement en usage. J'atteste en outre qu'ils ont tous été touchés par Sa Majesté Charles X, que j'ai accompagné et suivi de très-près depuis le premier attouchement jusqu'au dernier. Reims, 8 Octobre 1825. *Signé* Noël..»

(34., *page* 96.) Ainsi qu'aux Sacres précédens, une neuvaine eût lieu à celui de Charles X. M. l'abbé de Pontévez, assisté d'un autre chapelain de Sa Majesté, en fut chargé, et elle fut commencée à saint Marcoul, dès le matin du jour de la visite du Roi, par la célébration des saints mystères. Tous les infirmes en suivirent exactement les exercices; ils avoient été soigneusement disposés par M. l'aumônier de la maison à en recueillir les fruits. Elle fut terminée par une messe solennelle d'actions de grâces, à laquelle ils se firent tous un devoir d'assister, en donnant de nouvelles marques de la sainte assurance qui les animoit.

(35., *page* 99.) L'ancien tombeau de saint Rémi passoit pour un des plus beaux monumens de ce genre qu'on connût en France. Il étoit de marbre; le jaspe et le porphyre lui prêtoient encore leurs ornemens. La porte étoit surtout remarquable par sa richesse et la beauté du travail. Ce chef-d'œuvre a disparu avec une partie des trésors qu'il renfermoit. Il n'en est resté que douze statues, de grandeur naturelle, qui y étoient adossées, représentant d'un côté les six pairs laïcs, et de l'autre les six pairs ecclésiastiques, chacun avec les attributs des fonctions qu'il remplissoit au Sacre, et un groupe de trois personnages de pareille grandeur, composé de saint Remi, de Clovis à genoux devant lui, et de Thierry, aumônier du prélat, tenant une croix. Ces statues et ce groupe ornent le nouveau tombeau, qui sans doute est bien inférieur à l'ancien; mais dont le genre doit être excusé, en faveur du zèle religieux qui a présidé à sa construction.

(36., *page* 100.) Le camp occupoit un espace de quinze cents mètres de long sur sept cent cinquante de large. La longue ligne de ses tentes se perdoit dans le lointain ; elles étoient pavoisées. Les chemins en forme de rues qui les séparoient, étoient applanis, sablés et bordés de gazons. Sur la lisière du camp, étoient dessinés de jolis parterres, et s'élevoient des colonnes de verdure sur lesquelles étoit placé le buste en plâtre de Charles X. Ici étoient tracés, en bleuets, les noms de Madame la Dauphine, de Madame, Duchesse de Berry et de Mademoiselle ; là se relevoient, en gazon ou en mousse, sur un fond sablé, les noms de Charles X ; de Monseigneur le Dauphin et de Monseigneur le Duc de Bordeaux.

Le premier bataillon du régiment du génie avoit figuré en avant de ses tentes une forteresse en gazon, parfaitement exécutée. Chacune des parties de cet ouvrage portoit un des noms chéris. Au-dessus étoit une banderolle avec ces mots : *Honneur et Patrie.*

Devant le quatorzième de ligne on voyoit une large couronne avec ces mots : *Dieu la lui a donnée, nous devons la lui conserver.*

Autour du couronnement d'une colonne en gazon, élevée en face du trente-troisième, on lisoit : *aux Bourbons nos cœurs, aux Bourbons nos bras ;* à sa base, : *Fidélité.*

Le soixantième avoit tracé en bleuets, au-dessous du buste du Roi, ces mots : *Un instant dans notre camp, et dans nos cœurs toujours.*

Le huitième léger, arrivé tout récemment d'Espagne, avoit donné aux rues qui séparoient ses tentes, les noms du Trocadéro, de Madrid, de Cadix, etc. et en avant de chacune, on voyoit ces inscriptions : *L'armée au Duc d'Angoulême... Au pacificateur de l'Espagne...*

Le quartier de la garde étoit distribué en plusieurs rues portant les noms du Roi, du Dauphin, de la Dauphine, de Bordeaux, de l'honneur, de la fidélité, ... etc.

(37., *page* 101.) La très-grande partie des troupes appelées au Sacre de Sa Majesté Charles X, avoit illustré les armes françoises en Espagne, sous le commandement de Monseigneur, le Duc d'Angoulême.

(38., *page* 101.) Le Roi avoit accordé depuis peu de jours deux croix à chacun des bataillons et des escadrons présens au camp. Trente-neuf officiers d'une part et trente-neuf sous-officiers ou soldats de l'autre reçurent donc de S. M. les uns la croix de Saint-Louis, les

autres celle de la légion d'honneur. Il seroit difficile de rendre l'enthousiasme avec lequel ces braves accueillirent les paroles de bienveillance
que leur adressoit en même temps le Monarque: « Vive Dieu, s'écria
» l'un d'eux, en voyant l'effigie du grand Henri qui orne la croix
» d'honneur ; vive Dieu ! vivent les bourbons ! Celui-ci est bien du sang
» de Henri IV ! .. En vérité ; dit un autre ; le Roi m'a donné son
» portrait. »

(39 , *page* 102.) Du 28 mai jusqu'au 2 juin , la légion rémoise a
concouru aux différens services et partagé les honneurs des autres corps
militaires: Dès le 27 un détachement de sa cavalerie fit partie de l'escorte
qui alla recevoir S. M. aux limites du département. La droite de la haie
formée lors de l'entrée royale , lui fut réservée ; chaque jour son infanterie occupoit au palais un poste de faveur , composé d'un capitaine
commandant et de vingt-cinq hommes qui faisoient le service conjointement avec la maison militaire du Roi. M. Lespagnol de Bezannes ,
son Commandant , a été nommé Officier de la légion d'honneur , et
M. Boisseau , son Chef d'escadron , a été décoré de la croix de la
même légion.

Le 30 mai , M. le Maire et MM. les adjoints s'étant rendus au palais
et chez M. le Major Général de service , pour seconder les vœux de la
garde nationale , y sollicitèrent pour elle la faveur de faire partie des
corps militaires que Sa Majesté devoit passer en revue le lendemain. Leur
demande fut accueillie , et ils obtinrent pour cette fidèle garde , que rangée
en bataille à l'entrée de la principale allée des promenades , par où S. M.
devoit se rendre au bazar , et placée alors d'une manière plus distincte
sous les yeux de son Roi ; elle seroit ainsi passée en revue , et qu'en
second lieu, sur le grand carré de la porte neuve où elle seroit ensuite
dirigée , S. M. la verroit avec plaisir défiler devant elle.

(40. , *page* 103.). Le Bazar Rémois fut exécuté d'après les dessins de
M. Isabey. Une suite de portiques contigus et adossés aux arbres qui
bordoient le boulingrin , en formoit l'enceinte. A l'entrée étoient deux
avant-corps , sur les piédestaux desquels on lisoit , à gauche , cette inscription :

DU COMMERCE, ET DES ARTS QU'IL A FAIT PROSPÉRER,
CHARLES VIENT VISITER LE MUSÉUM CHAMPÊTRE,
COMME L'ON AIME A RESPIRER
LES PARFUMS DES FRUITS QU'ON FAIT NAITRE.

A droite, celle-ci :

DU TRAVAIL LE BRILLANT GÉNIE
OFFRE PARTOUT A VOS REGARDS
LES TRÉSORS VARIÉS DU COMMERCE ET DES ARTS ;
C'EST LE BOUQUET DE L'INDUSTRIE.

En face de l'entrée, au fond, une décoration peinte figuroit une espèce de temple, composée de quatre colonnes d'ordre corinthien ; dans l'entre-colonnement du milieu étoit le portrait en pied du Roi, revêtu des ornemens royaux, et surmonté des armes de la ville, avec cette inscription : A CHARLES X, LA VILLE DE REIMS. Au-dessus flottoit l'oriflamme antique.

Au-dessus du portrait on lisoit ces vers :

LA DOUCE PAIX RÉPAND TOUS LES BIENS A LA FOIS ;
L'OLIVIER FUT TOUJOURS LE LAURIER DES BONS ROIS.

Et au-dessous, ceux-ci :

SA BOUCHE DIT TOUJOURS D'ACCORD AVEC SON CŒUR,
LE MOT QUI RÉJOUIT OU LE MOT QUI CONSOLE ;
SON REGARD PROMET LE BONHEUR ;
ET SON RÈGNE TIENDRA PAROLE.

Les portiques étoient au nombre de vingt-six ; chacun d'eux étoit pavoisé et orné du chiffre royal, et il portoit le nom du fabricant ou du manufacturier qui l'occupoit.

(41., *page* 104.) Les membres de la commission dont il a été question dans la note 12, s'étoient adjoint un certain nombre d'autres personnes qui ont bien voulu partager leurs soins et dont voici les noms :

MM.	MM.
Andrès, fils aîné,	Carpentier-Bisson,
Bailly-Petit,	Croutelle-Neveu,
Camu, fils ;	Dehaye-Fournival,

MM.

Escalier-Pérard,
Givelet-Marguet,
Givelet (Charlès),
Marchand-Cavart,
Marguet-Clicquot;

MM.

Massé-Watrin;
Pérard-Warenflot, fils;
Thiérot-Guillaume,
Thierry, père,
H., Vivès.

Tous ont établi, tant d'ordre dans le classement et la distribution dont ils étoient chargés, que les vingt-six portiques construits dans l'enceinte du bazar ont offert une place aux produits présentés pour l'exposition par les manufacturiers, fabricans et artistes ci-après nommés :

Manufacturiers et Fabricans de Reims.

MM.

Assy-Guérin fils et Givelet,
Assy-Prévoteau (V.ᵉ) et Givelet,
Assy-Regnart,
Aubert-Renart,
Bailly-Petit,
Barbier-Boudesocq,
Benoist-Malot,
Carlet-Petit,
Carpentier-Bisson,
Cellier,
Charbonneaux-Denizet,
Charpentier-Courtin,
Charton,
Chatelain-Luton,
Croutelle-Neveu,
Danton-Luton,
Dehaye-Fournival,
Denizet-Fransquin,
Dieulouard,
Dubois (Félix),
Duchatel-Pérard,

MM.

Fassin-Cochois,
Fernet-Cellier,
Fortin,
Francart-Esnouf,
Gaillot-Demerlier,
Géruzez-Mopinot,
Gosset, fils,
Goulin,
Gros (Baudille);
Gros-Millet,
Guyotin (Étienne),
Guyotin-Lhoste,
Guyotin-Lorsignol,
Henriot aîné (V.ᵉ), et Fils;
Hourelle-Mouras,
Jobert-Lucas et compagnie,
Joltrois-Jacquemart,
Labart-Ridard,
Lacroix-Langlet,
Lecocq,
Lhoste-Paillet,

MM.

Liénard-Fremau,
Lochet, Wirbel et compagnie,
Lundi-Verrier,
Maillé, fils,
Manichon-Protin,
Marguet-Clicquot,
Massé-Watrin,
Mérieux-Lilette,
Menu-Payen,
Millet-Gros,
Monaque-Collet,
Mussart,

MM.

Payen, fils,
Pérard-Warenflot,
Périn (V.^e) et Vogt,
Peuvrel-David et Dudin,
Pierquin-Fressencourt,
Pierquin-Grandin,
Pierret-Geoffroy,
Raulet-Haimart,
Regnart-Deligny, fils,
Thiérot-Guillaume,
Wuillemet-Lecomte.

Couverturiers de Reims.

MM.

Cousin-Devaux,
Denis-Jouet,
Goulet-Guérin,
Hourlier Gérardin,

MM.

Hourlier-Lefranc,
Hourlier-Lemoine,
Ourblin,

Fabricans de bluteaux de Reims.

MM.

Fortin (Étienne),
Rivière,

Fabricans de bas de laine de Reims.

MM.

Aguet-Mathieu,
Robin,

Fabricans du dehors.

MM.

Bourbon,
Bourbon-Vacquant,   } à Bazancourt,
Lecuyer,

Bidot,   } à Pontfaverger,
Robert,

Gobréaux,   { à Perthes,

Filateurs de laine.

MM. Guénet et Lantein ,	à Reims.
Beauvais-Tourtebatte ;	à Pontfaverger.
Calame ;	

M. Debeury , Filateur de coton,	à Châlons-sur-Marne.

Fabricans de bas de coton.

MM. Dautreville ,	à Châlons ,
Frizon ,	
Jaquinot ,	
Joseph Matthieu ,	à Conantre.

MM. Lefevre-Godet,	Fabricant de gaze en soie, à Reims,
Herbé = Grandidier ,	Blanchisseur ,

MM. Fauveau-Demilly ,	Serruriers , à Reims.
Viseux ,	

MM. Grisart ;	Coutelliers , à Reims.
Liévain ,	
Thierry-Noël ,	

M. Herbin ,	Cirier ; à Reims.

MM. Bertrand-Provancher ,	Pains-d'Épiciers , à Reims.
Billet-Massy ,	

MM. Lejeune-Renart ,	Fabricans de biscuits, à Reims.
Miste ,	
Noël-Houzeau ,	

MM.	MM.
Gerbaux , Confiseur ;	Larcher-Klesser , Horloger ,
Brémart-Richard , Chasublier ,	Marprez , Ecrivain-expert ,
Givelet , Foureur ,	Protot , Fabricant de traits ,
Herbemont ; Relieur ,	Thiérion , Ebéniste ,

Tous domiciliés à Reims.

MM.
Aubriot, Epicier,
Caillet, Pompier,
Deloge, Relieur,

MM.
Evrain, Fabricant de sangles,
Fourier, Chaudronnier,
Galland, Tapissier,

Tous domiciliés à Châlons.

MM.
Bernard, Faïencier, au bois
  d'Epense.
Chatelain, Pompier à Cuisle.
Danton, Fermier, à Muizon.
Gobillon, Fabricant de colle-forte,
  à Muire, près Reims.

MM.
Lecointe, Papetier, à Ecury.
M.ʰᵉ Manceau, Modiste, à
  Epernay.
Prévoteau, Papetier et Cartonnier,
  à Chaintrix,

L'école royale des arts et métiers établie à Châlons-sur-Marne, avoit exposé de très-beaux ouvrages en bois, en fer et en cuivre, et particulièrement deux chefs-d'œuvre d'horlogerie, savoir : une pendule calvaire, surmontée d'un crucifix ; sur un côté du crucifix étoient indiqués les jours de la semaine et les phases de la lune, sur l'autre les mois, et au-dessus le quantième ; et une pendule astronomique, marquant à la fois les phases de la lune, les années bissextiles, l'équation, les jours de la semaine, les heures, les minutes et les secondes, et pouvant rester six mois sans être remontée.

(42. ; *page* 107.) La voiture dans laquelle étoit Sa Majesté formoit un grand contraste avec le char triomphal, qui, quatre jours auparavant, avoit frappé si vivement les regards. Chacun se rappeloit encore avec une nouvelle admiration tous les détails magnifiques de la belle voiture du Sacre ; ses panneaux de bronze doré, ornés de peintures, savoir : les quatre panneaux adjacens aux portières, représentant le commerce, l'abondance, l'agriculture et les arts, et les panneaux d'avant et d'arrière sur lesquels on découvre les vertus royales, la prudence, la sagesse, la justice et la force, figures symboliques, toutes accompagnées des attributs qui leur appartiennent, toutes entourées d'un ornement de perles et de pierres précieuses qui leur servoient d'encadrement; sur ses portières, deux génies développant la bannière de la France ainsi que l'oriflamme, et soutenant l'écu royal avec ces mots tracés au-dessus :

Montjoye Saint-Denis ; au-dessus de ces armes ; le vif éclat d'un soleil rayonnant, autour duquel voltigeoit une banderolle, portant la devise : *Lilia non laborant neque nent ;* son impériale, couverte en velours cramoisi, offrant à ses quatre angles des touffes de plumes blanches, dans son couronnement un groupe de quatre renommées assises, embouchant la trompette, et soutenant deux à deux sur un médaillon le chiffre royal, et enfin à sa sommité la couronne de France ; ses roues richement décorées, leurs jantes figurant une couronne d'un dessin arabesque, leurs rayons façonnés en balustres et l'extrémité de leur essieu représentant une tête de lion entourée de rameaux et de feuilles ; les tentures et les coussins qui en décoroient l'intérieur, en velours cramoisi, brodés en or, avec des franges et des crépines d'or ; la housse de son siége, d'une étoffe pareille, ornée de même ; en un mot tous les ornemens pleins de noblesse, d'élégance et de richesse de ce magnifique chef-d'œuvre.

Cette superbe voiture, ainsi que toutes les autres voitures de service de Sa Majesté, furent logées dans de grandes remises, construites en bois sur un vaste terrein, situé à l'extrémité de la rue du Nouveau Collége, où on établit aussi les écuries et les selleries royales.

Les équipages et écuries de Monseigneur le Dauphin, de Madame la Dauphine, et de Madame, Duchesse de Berry, furent placés dans la maison occupée par les Frères des écoles chrétiennes.

(43., *page* 110.) La société de la charité maternelle de Reims est composée de mesdames

Ruinart de Brimont, Présidente,	
V.e Ponsardin-Letertre,	*Pour la*
Lespagnol de Bézannes,	Paroisse de Saint Remi.
V.e Rogier de Monclin,	
Thierrion-Rogier,	Paroisse de Saint Maurice.
V.e Deslyons,	
Assy-Villain,	Paroisse de Saint Jacques.
Lucas-Dessain,	
Forest-Fourneaux,	Paroisse de Saint André.
Curmer,	
Gard-Letourtier,	Paroisse de Notre-Dame.

Ve Dessain de Chevrières,
Tronsson-Lecomte,
Ve Henriot, aîné,
Ruinart-Turgot, } Dames honoraires.

M. Lecomte, Chevalier de l'ordre royal de la légion d'honneur, secrétaire.

La société a cru devoir consacrer l'heureuse journée du Ier juin, par le vote d'un secours de 1084 f., réparti entre 542 femmes, qui existent encore à Reims parmi celles qui ont jusqu'alors participé à ses soins.

(44., *page* 115.) Charles X a fait remettre, pour être distribués aux pauvres :

A M. le curé de la paroisse de Notre-Dame, ... 2000^f »
A M. le curé de Saint Remi, ... 2000 »
A M. le curé de Saint Jacques, ... 1500 »
A M. le curé de Saint Maurice, ... 1500 »
A M. le Curé de Saint André, ... 1000 »
A l'Hôtel-Dieu, ... 1500 »
A l'Hôpital-Général, ... 1500 »
A l'Hospice de Saint Marcoul, ... 1000 »

Il a de plus accordé, à titre de secours :

Aux religieuses de la Congrégation de Notre-Dame, ... 1500 »
Aux religieuses Carmélites, ... 1500 »
Aux religieuses de la Visitation, ... 1350 »
Aux sœurs de l'Enfant-Jésus, ... 1000 »
Aux frères des Écoles Chrétiennes, ... 500 »

Sa Majesté a fait aussi distribuer le jour de son entrée à Reims entre les cinquante prisonniers à qui elle avoit rendu la liberté, la somme de 2500 f.

(45., *page* 115.) Les médailles qui ont été distribuées, étoient de trois modules ; celles du plus grand module, en or et en argent, avoient vingt-deux lignes de diamètre et deux d'épaisseur ; elles présentoient d'un côté le buste du Monarque couronné et revêtu des ornemens royaux, avec cette légende : CAROLUS X, *Rex Christianissimus ;* au revers on voyoit le Roi à genoux recevant l'onction sainte, et huit autres figures debout, le prélat consécrateur ; les trois princes du sang ;

le connétable ; le chancelier ; un maréchal de France et un ecclésiastique, porte-croix, avec cette légende : *Rex cœlesti oleo unctus.* Exergue : *Adstantibus. Franciæ. Paribus. Regionumque. Delectis. Summis. Legum. Administris. Exercit. Proceribus. Gentium. Exterarum. Legatis.* — *Remis.* XXIX. *die. Maii.* MDCCCXXV.

Celle du plus grand modulé en bronze, avoit les mêmes dimensions que celles d'or et d'argent. Elle présentoit d'un côté le portrait du Roi en buste, avec cette légende : CAROLUS X. *Rex Christianissimus.* De l'autre, le Roi à genoux consacré par l'Archevêque assis, et au-dessus une colombe environnée d'une auréole, avec la légende : *Rex. cœlesti. oleo. unctus.* Exergue : *Remis.* XXIX. *die Maii.* MDCCCXXV.

La médaille du moyen module, en bronze, portoit dix huit lignes de diamètre sur une ligne et demie environ d'épaisseur. D'un côté on voit le buste du Roi, avec la légende : CAROLUS X. *Rex. Franciæ.* De l'autre, le Roi à genoux couronné par l'Archevêque se tenant debout, avec la légende : *Coronam favente Deo suscipit.* Exergue : *Remis.* XXIX. *die. Maii.* MDCCCXXV.

Les médailles du troisième module, en or, en argent et en bronze, avoient quinze lignes de diamètre et une ligne d'épaisseur. D'un côté elles présentoient le buste du Roi, avec la légende : CAROLUS X. *Rex. Franciæ.* De l'autre, le Roi sur son trône, avec la couronne sur la tête et revêtu des ornemens royaux, tenant le sceptre et la main de justice, avec cette légende : *Solio sublimis avito.* Exergue : *Remis.* XXIX. *die. Maii.* MDCCCXXV.

Toutes les médailles de ces différens modules portent le nom du graveur, M. Gayrard, au talent duquel l'exécution fait beaucoup d'honneur.

(46. , *page* 115.) M. De Jessaint, Préfet de la Marne, a été fait Grand-Officier de l'ordre royal de la légion d'honneur ; M. Ruinart de Brimont, Maire de la ville de Reims, a été nommé Officier du même ordre, et ces deux magistrats ont reçu en même temps de Sa Majesté le titre de Vicomte.

M. le Comte de Gestas, Sous-Préfet de l'arrondissement de Reims, et M. Lespagnol de Bezannes, Commandant de la garde nationale, ont été promus au grade d'Officier de la légion d'honneur.

M. Henrionnet, lieutenant de gendarmerie, en résidence à Reims, déjà chevalier de la même légion, a reçu la croix de l'ordre royal et militaire de Saint-Louis.

(47., *page* 115.) La croix de l'ordre royal de la légion d'honneur a été accordée à MM. Grimprel du Goulot, Président du tribunal civil de Reims; Delamotte-Barrachin, Président du tribunal de commerce; Gaschon, Procureur du Roi; Assy-Villain, Adjoint au Maire; Maillefer-Ruinart, Vice-Président du bureau de charité; Clouet, Receveur particulier de l'arrondissement; De Vroil, ancien Officier de cavalerie; Boisseau aîné, Chef d'escadron de la garde nationale à cheval, et Jacob-Kolb, Négociant.

(48., *page* 115.) Sa Majesté a fait remettre, en témoignage de sa satisfaction, à M. le Comte de Gestas, Sous-Préfet, une épingle enrichie d'un beau diamant, et à M. Ruinart de Brimont, Maire de Reims, une tabatière, ornée de son chiffre en brillans.

(49., *page* 116.) Lorsque, dans les premiers jours du mois de novembre dernier, M. le Maire alla présenter à Sa Majesté les hommages de la ville de Reims, à l'occasion de sa fête, ce magistrat lui ayant exprimé avec quelle joie ses concitoyens avoient appris qu'elle avoit daigné sourire au plan de la percée projetée de la place Royale à celle de l'Hôtel de Ville, le Roi voulut bien l'assurer de nouveau qu'il n'avoit point perdu de vue ce projet et qu'il en verroit avec un grand plaisir l'accomplissement.

(50., *page* 116.) Les travaux entrepris pour la réparation de l'église de Saint Rémi, et auxquels la munificence royale a concouru avec tant de zèle, n'ont point encore reçu leur complément; ils n'ont en effet consisté jusqu'ici que dans tout ce qui devoit offrir une entière sécurité à Sa Majesté pour le jour de la visite royale, et une solidité rassurante aux architectes pour les constructions à venir.

(51., *page* 116.) Le Sacre de Charles X a été célébré par des pièces de théâtre jouées à Reims; *Louis XII, ou le Sacre d'un bon Roi,* pièce en deux actes et en prose, mêlée de chants, par M. Alissan de Chazet, et *l'Heureux Jour, ou la Halte militaire,* pièce en un acte, mêlée de chants, par M. Saint-Hilaire, de Reims; par une Epître sur le Sacre, lue à la société académique de Châlons-sur-Marne ; par M. Corda, de Reims ; Une Ode et des Cantates, par M. Lodin-Lalaire, Professeur de seconde au collége royal de Reims ; une Idylle latine, par M. Barbier, Professeur de troisième au même collége ; un Poëme lyrique, par M. Drouet, de Reims, Professeur de quatrième au même collége ; une Ode, par M. Jacob père, de Reims, ancien négociant ; un Dithyrambe, par M. Bernage, de Reims, avocat ; un Dithyrambe, par M. P. Simon, de Reims, et une Ode, par M. Fleury, Secrétaire de la Sous-Préfecture, de Reims.

(52., *page* 116.) Au nombre de ces devoirs, la ville de Reims se plait à compter celui dont elle s'est acquittée, le 5 juin, en assistant, pour ainsi dire toute entière, au *Te Deum* qui fut chanté confor-mément au mandement de Monseigneur l'Archevêque, en actions de grâces du Sacre de Sa Majesté Charles X. La pompe et l'affluence qui ont accompagné cette cérémonie, ont été une nouvelle expression des sentimens des Rémois.

ÉTAT

DU LOGEMENT FAIT A REÏMS,

à l'occasion du Sacre

DE SA MAJESTÉ CHARLES X.

S. A. R. M.ᵍʳ le Duc D'ORLÉANS,
S. A. R. Mᵐᵉ la Duchesse D'ORLÉANS,
S. A. R. M.ᶫˡᵉ D'ORLÉANS, } chez M.ᵐᵉ la Baronne PONSARDIN, rue de Cérès, n.º 10.

S. A. R. M.ᵍʳ le Duc de BOURBON, Prince de Condé, chez M. BARRACHIN-ANDRIEUX, rue de Talleyrand, n.º 1.

CORPS DIPLOMATIQUE.

ÉTAT ECCLÉSIASTIQUE.

S. Ém. M. MACCHI, Archevêque de Nisibe, Nonce du Saint-Siége, chez M.ᵐᵉ V.ᵉ BARRACHIN, rue de Cérès, n.º 17.

S. Ex. L'ablégat du Saint-Siége, chez M.ᵐᵉ V.ᵉ SUTAINE, rue de Cérès, n.º 31.

SARDAIGNE.

S. Ex. le Marquis ALFIERI DE SOSTEGNO, Ambassadeur, chez M. LEBLANC-ASSY, rue de la Vieille-Couture.

DEUX SICILES.

S. Ex. M.ᵍʳ le Prince DE CASTELCICALA, Ambassadeur extraordinaire, chez M. LEMOINE, rue du Temple, n.º 17.

Cet état a été dressé par MM. les Fourriers du Roi, et les indications ont été recueillies par MM. les Commissaires de la Mairie.

Dans cet état ne sont pas compris beaucoup d'autres logemens offerts et fournis par les habitans, pour les personnes et équipages de la suite de la cour.

RUSSIE.

S. Ex. Mgr le Général POZZO-DI-BORGO, Ambassadeur,
 chez M. Allart-Muiron, rue de Vesle, n.º 14.

S. Ex. Mgr le Prince WOLKONSKY, Ambassadeur extraordinaire,
 chez M. Firmin-Clicquot, rue de Vesle, n.º 8.

AUTRICHE.

S. Ex. M. le Baron DE VINCENT, Ambassadeur,
 chez M. Maillefer-Ruinart, rue du Marc, n.º 15.

S. Ex. M. le Prince D'ESTERHAZY, Ambassadeur extraordinaire,
 chez M. Barrachin, à Cormontreuil.

GRANDE-BRETAGNE.

S. Ex. M. le Vicomte GRANVILLE, Ambassadeur,
 chez M. Guyotin, rue des Morts, n.º 1.

S. Ex. M. le Duc DE NORTHUMBERLAND, Ambassadeur extraordinaire,
 à l'Hôtel du Moulinet.

ESPAGNE.

S. Ex. M. le Comte DE LA PUEBLA DEL-MAESTRE, Ambassadeur,
 chez M. Thierrion-Rogier, rue de Monsieur, n.º 27.

S. Ex. M. DE VILLA-HERMOSA, Ambassadeur extraordinaire,
 chez M. Tronsson-Lecomte, rue de la Buchette, n.º 11.

PORTUGAL.

S. Ex. M. D'ORIOLLA, Ambassadeur extraordinaire,
 chez M. Maillefer-Ruinart, rue du Marc, n.º 15.

HANOVRE.

M. le Comte DE GROTZ, Envoyé extraordinaire et Ministre Plénipotentiaire,
 chez M. Lucas, à Cormontreuil.

PAYS-BAS.

M. le Général Baron FAGEL, Envoyé extraordinaire et Ministre Plénipotentiaire,
 au Château de Muizon.

NASSAU.

M. DE FABRICIUS, Chargé d'affaires,
 chez M. Scharfestein, rue du Cloître, n.º 15.

SAXE.

M. le Baron D'UCHTRITZ, Envoyé extraordinaire et Ministre Plénipotentiaire,
 au Château de Muizon.

SUÈDE.

M. le Comte GUSTAVE DE LOWENHIELM, Envoyé extraordinaire et Ministre Plénipotentiaire,
M. le Comte DE LOWENHIELM, Envoyé extraordinaire,
 à Cormontreuil, chez M. Assy-Villain.

BADE.

M. le Bailly DE FERRETTE, Envoyé extraordinaire et Ministre Plénipotentiaire,
 chez M. Arnoult, à Cormontreuil.

HESSE-DARMSTADT.

M. le Baron DE PAPPEN EIM, Envoyé extraordinaire et Ministre Plénipotentiaire,
chez M.me DE VILLARZY., à Cormontreuil

WURTEMBERG.

M. le Comte DE MULINEN, Envoyé extraordinaire et Ministre Plénipotentiaire,
chez M. BARRACHIN, à Cormontreuil.

DANEMARCK.

M. DE JUEL, Envoyé extraordinaire et Ministre Plénipotentiaire,
chez M. CARBONNET, aux Marais.

BAVIÈRE.

M. le Comte DE BRAY, Envoyé extraordinaire et Ministre Plénipotentiaire,
chez M. CARBONNET, aux Marais.

PRUSSE.

M. le Baron DE WERTHER, Envoyé extraordinaire et Ministre Plénipotentiaire,
chez M. HEIDSIECK, rue de Sédan, n.° 9.
M. le Général ZASTROUW, Envoyé extraordinaire,
chez M. PROVIN, à Champigny.

LUCQUES.

M. le Duc DE SAN-CARLOS, Envoyé extraordinaire et Ministre Plénipotentiaire,
chez M. DE CADIGNAN, rue de Thillois, n.° 12.

ETATS-UNIS.

M. BROWN, Envoyé extraordinaire et Ministre Plénipotentiaire,
chez M. CARBONNET, aux Marais.

MECKLENBOURG-STRELITZ, SAXE-WEYMAR, SAXE-GOTHA, etc.

M. DE TREITLINGER, Ministre résident,
chez M. CAMU-DIDIER, à la Malle.

MEKLENBOURG-SCHWERIN.

M. DE ŒRTHBING, Chargé d'affaires,
chez M. CAMU-DIDIER, à la Malle.

HAMBOURG, ET FRANCFORT-SUR-LE-MEIN.

M. DE RUMFF, Ministre résident,
chez M. LOUIS, Maire de Gueux, à Gueux.

SUISSE.

M. DE TSCHANN, Chargé d'affaires,
chez M. MEUNIER, au Château de Gueux.

TOSCANE.

M. MATTEUCCI, Ministre résident,
chez M. THIBAUT, au Château de Gueux.

TUNIS.

M. SIDI-MAHMOUD, Envoyé extraordinaire,
chez M. HENRIOT-TAPIN, à Thillois.

INTRODUCTEURS DES AMBASSADEURS.

M. le Baron DE LA LIVE, Introducteur des Ambassadeurs,
chez M. MASSÉ-WATRIN, rue Prison Bonne Semaine, n.° 1.

M. le Chevalier DE VIVIERS, Secrétaire du
Roi à l'introduction des Ambassadeurs,   chez M. Béglet, rue de Thillois.

MAISON CIVILE DU ROI.

Premier Service.

GRANDE AUMÔNERIE DE FRANCE.

S. Em. le Cardinal Prince DE CROŸ, Grand-
Aumônier,   chez M.me De Récourt, rue de la Grosse-Clef,
n.º 2.

M. l'Abbé JOCARD, Confesseur du Roi,   chez M. l'Abbé Géruzez, rue du Bourg Saint
Denis, n.º 26.

AUMONIERS DU ROI.

MM. les Abbés,

D'ESPARBEZ, Aumônier ordinaire,   maison de M. l'Abbé Dombry, rue de l'Ecole
de Médecine, n.º 2.

DE PONTEVEZ, Aumônier du Roi par quartier,   *idem.*

DE RETZ,   *id.*   *idem.*

DE LA CHAPELLE,   *id.*   chez M. le Supérieur du grand Séminaire.

DE SAMAN,   *id.*   maison de M. l'Abbé Dombry, rue de l'Ecole
de Médecine, n.º 2.

DE CHAUVIGNY,   *id.*   chez M.me V.e Petit, rue de l'Ecole de Médecine, n.º 2.

DE CASTRIES,   *id.*   *idem.*

DE ROUAULT,   *id.*   à la maison dite des Orphelins, rue du Barbâtre.

DE SAMBUCY,   *id.*   chez M.gr l'Archevêque de Reims.

Deuxième Service.

GRAND-MAITRE DE FRANCE.

M. le Comte DE COSSÉ-BRISSAC, premier
Maître de l'Hôtel,   à l'Archevêché.

PREMIERS CHAMBELLANS DE L'HOTEL.

M. le Marquis DE MONTDRAGON, Cham-
bellan de l'hôtel,   chez M.me V.e Baligot, rue Porte Saint-
Denis, n.º 2.

M. le Comte DE ROTHE,   *id.*   chez M. Lanson, rue de la Poissonnerie,
n.º 4.

M. le Vicomte HOCQUART,   *id.*   chez M.elle De Miremont, impasse de la
Chanvrerie, n.º 5.

MAITRES DE L'HOTEL.

MM.

DEVENNE DE FONTAINE,   chez M. Roland, rue du Cadran Saint-Pierre,
n.º 1.

le Baron DE LA CHAPELLE,   chez M. Serrurier, rue du Clou-dans-le-
Fer, n.º 1.

BOUTET D'EGVILLY,   chez M. Lefrançois, place Saint-Pierre,
n.º 6.

le Chevalier D'HERTELOU,   chez M. Braine, rue de la Grosse-Clef,
n.º 5.

MELIN,   chez M. Colinet, rue de la Grosse-Clef,
n.º 6.

GENTIL,   chez M. Regnier, rue de l'Arbalète, n.º 21.

QUARTIERS-MAITRES DE L'HOTEL.

M. BERTRAND,   chez M. VIDER, rue Neuve Notre-Dame, n.º 2.

M. SAUVAGE,   chez M.me et V.e MENNESSON, rue des Chapelains, n.º 3.

CONTROLEUR EN CHEF DE LA COMPTABILITÉ DE LA BOUCHE.

M. BONNEFOND,   chez M. FABER, Concierge de la Société du salon Littéraire, rue Neuve Notre-Dame, n.º 5.

GOUVERNEURS DE CHATEAUX ROYAUX.

M. le Comte DE LARDENOY, Gouverneur du Château de Tuileries,   chez M. BERTON-BAILLY, rue Vauthier-le-Noir.

M. le Comte BOZON DE PÉRIGORD, Gouverneur du Château de Saint-Germain,   chez M. SCHREIDER, impasse des Deux Anges.

ADMINISTRATION DU SERVICE DES GOUVERNEMENS.

M. LEDUC, Administrateur du matériel,   chez M. JACQUEROT, rue de la Peirière, n.º 18.

Service Ambulant.

ADJUDANCE DE L'INTÉRIEUR.

M. le Comte DE BROSSARD, Adjudant de l'Intérieur,   chez M. LAMANT, rue du Bourg Saint Denis, n.º 6.

FOURRIÈRES.

M. le Comte D'AVAUGOURT, Chef des Fourrières,   chez M. GÉRARDIN, rue Neuve, n.º 77.

Troisième Service.

GRAND-CHAMBELLAN.

S. S. le Prince DE TALLEYRAND, Grand-Chambellan,   chez M. RAULIN, rue de Vesle n.º 10.

PREMIERS GENTILSHOMMES DE LA CHAMBRE.

S. S. M. le Duc D'AUMONT, Premier Gentilhomme de Service,   à l'Archevêché.

S. S. M. le Duc DE DURAS,   chez M.me V.e LECLERC, rue Sainte-Marguerite, n.º 17.

S. S. M. le Duc DE BLACAS,   chez M.elle MITEAU, rue de l'Ecole de Médecine, n.º 3.

S. S. M. le Comte DE DAMAS,   chez M. JEUNEHOMME, rue du Cloître, n.º 8.

PREMIERS CHAMBELLANS,
MAITRES DE LA GARDE-ROBE.

S. S. M. le Comte DE PRADEL,   chez M. DE CHARDEBOEUF, rue de Vesle, n.º 5.

S. S. M. le Comte CURIAL,   chez M. MITEAU, jeune, place Saint Pierre, n.º 5.

S. S. M. le Marquis DE BOISGELIN,   chez M. DE CHARDEBOEUF, rue de Vesle, n.º 5.

GENTILSHOMMES DE LA CHAMBRE DE SERVICE.

M. le Vicomte DE LA TOUR-MAUBOURG,   chez M. MAITRE, rue du Corbeau, n.º 1.
M. le Comte DE HAUTEFEUILLE,   chez M. COMMESNY-PERREAU, rue du Puits-Tairay, n.º 4.

GENTILSHOMMES DE LA CHAMBRE DE BIMESTRE.

S. S. le Comte DE NOÉ,
M. le Comte DE RASTIGNAC,   } chez M.me V.e LEGRAS, rue du Cadran-Saint-Pierre, n.º 1.
M. le Comte COUTARD,   chez M. DINET, place Saint-Pierre, n.º 1.
M. le Baron DE DRUAULT,   chez M. DESMOULIN, rue du Clou-dans-le-Fer, n.º 12.
M. le Vicomte ROUSSEL D'HURBAL,
M. le Comte DE SAINT CHAMANS,   } chez M.me V.e GUÉRIN-PARMENTIER, rue du Cadran-Saint-Pierre, n.º 19.

GENTILSHOMMES ORDINAIRES DE LA CHAMBRE.

M. le Baron LEMOINE,   chez M. TORTRAT, rue du Bourg Saint Denis, n.º 85.
M. LE BAILLIF DE MESNAGES,   chez M. BARROIS, rue des Capucins, n.º 26.

PREMIERS VALETS DE CHAMBRE.

M. le Baron DE PEYRONNET,   à l'Archevêché.
M. le Chev. BOURLET DE SAINT-AUBIN,   chez M. DELECLUSE, rue de Tambour, n.º 10.

M. MENNECHET, Secrétaire de la Chambre,   chez M. FÉART-BRIEN, rue Saint-Symphorien, n.º 1.

HUISSIERS DE LA CHAMBRE.

MM.
BLANCHARD, faisant le service du Cabinet,   chez M. MAUGIN-ROYER, rue Comte-d'Artois, n.º 1.
DAMESME,   chez M. HERBÉ, rue des Groseillers, n.º 1.
FAMIN,   chez M. BOUVIER, rue de la Poissonerie, n.º 20.
L'HOSTE DE SELANCY,   chez M.me V.e BOUCHARD-DEMAIN, rue de la Poissonnerie, n.º 1.
GASSE,   chez M. RIEGERT, rue Cour-Chapitre, n.º 5.
BAZIN,   chez M. HOURLIER, rue Neuve, n.º 126.
DES FONTAINES,   chez M.me GARNIER, rue des Tapissiers, n.º 1.
LEMOINE (ALEX.),   chez M. LEVIEUX-BALON, rue Comte-d'Artois, n.º 14.
GROS DE CALVADEN,   chez M. PARDONNET, rue Brulée, n.º 55.
BESCHEPOIS,   chez M.me Ve MAUGRAS, rue Comte-d'Artois.
VALLON,   chez M. PONSINET, rue du Cloître.

FACULTÉ.

MM.
ALIBERT, premier Médecin,   chez M. le Comte DE COURTIN, rue de Talleyrand, n.º 24.
AUVITY, Médecin ordinaire,   chez M. DIANCOURT, rue de Tambour, n.ºs 31-32.
le Baron DUPUYTREN, premier Chirurgien,   chez M. DUQUENELLE, Médecin, rue du Clou-dans-le-Fer, n.º 14.
BOUGON,   chez M. HUART-CLÉMENT, rue d'Artois, n.º 5.
THEVENOT DE SAINT-BLAISE, premier Chirurgien par quartier,   chez M. BENOIT-MOQUIN, rue de l'Arbalète, n.º 27.
FABRE, premier Pharmacien,   chez M. DOLLÉ, rue des Groseillers, n.º 2.
MEGES, Pharmacien Adjoint,   chez M.me RENAUDIN, rue de Contray, n.º 2.

Quatrième Service.

GRAND-ÉCUYER.

M. le Duc DE POLIGNAC, premier Écuyer,   chez M. Étienne HENRIOT, rue de l'École de Médecine, n.º 4.

ÉCUYERS-COMMANDANS.

ÉCUYERS DES CHEVAUX DE SELLE.

M. le Comte O'HÉGERTY,   chez M. CHABAUD, rue du Bourg Saint Denis, n.º 68.

ÉCUYERS-CAVALCADOURS.

M. le Vicomte DE BONGARS,   chez M. LELARGE-DUCHÊNE, rue du Barbâtre, n.º 1.

M. le Baron VINCENT,   chez M. GODART-MENNESSON, rue du Barbâtre, n.º 12.

M. le Général DOMON,   chez M. LEMOINE DE LAUGARDIÈRE, impasse du K-Rouge, n.º 17.

ÉCUYERS ORDINAIRES.

M. le Chevalier DE SALAIGNAC,   chez M. HENNET, impasse de la Chanvrerie, n.º 19.

M. le Marquis DE FRESNES,   chez M. DE MIREMONT, rue de Sedan, n.º 8.

M. le Chevalier DE MILANGES,   chez M. BUREAU-DIVERCHY, rue de l'Arbalète, n.º 6.

M. le Vicomte DE SALVERT,   chez M. LEPREUX-JARLOT, impasse de la Chanvrerie, n.º 14.

Cinquième Service.

GRAND-VENEUR DE FRANCE.

S. S. M. le Maréchal DE LAURISTON, Grand-Veneur,   chez M.lle DE MIREMONT, impasse de la Chanvrerie, n.º 15.

M. le Comte DE GIRARDIN, premier Veneur,   chez M. GUILLOT-CHÉON, rue de Vesle, n.º 71.

M. le Baron D'HANNEUCOURT, Commandant de la Venerie,   chez M. OUDIN, rue de Vesle, n.º 71.

Sixième Service.

GRAND-MAITRE DES CÉRÉMONIES DE FRANCE.

S. S. M. le Marquis DE DREUX-BRÉZÉ, Grand-Maître,   chez M. DELAMOTTE-BARRACHIN, rue de Cérès, n.º 11.

M. le Marquis DE ROCHEMORE, Maître des Cérémonies,   chez M.me CLICQUOT-PONSARDIN, rue de l'Hôpital.

M. le Baron DE SAINT FÉLIX, Aide des Cérémonies,   chez M. MAILLET, rue du Cloître, n.º 14.

M. le Vicomte DE GESLIN, id.   chez M.me PERRIN-CORIJEUX, rue Marqueuse, n.º 2.

M. VACHEROT, Secrétaire des Cérémonies,   chez M. DEHAYES, rue Comte-d'Artois, n.º 8.

MAISON MILITAIRE DU ROI.

PREMIERS AIDES DE CAMP DU ROI.

S. S. M. le Duc DE MAILLÉ,   chez M. LOCHET-GODINOT, rue du Cloître, n.º

S. S. M. le Duc DE FITZ-JAMES,   chez M. PETIT-LEGRAND, Place-Royale, n.º 5.

AIDES DE CAMP.

M. le Comte DE BOUILLÉ,   chez M.me V.e D'Alincourt, rue des Telliers, n.o 30.
M. le Chevalier DE LASALLE ;   chez M. Wirbel, rue du Marc, n.o 3.
M. le Comte DE TROGOLFF,   chez M. Faure, rue du Clou-dans-le-Fer, n.o 20.
M. le Duc DE CRUSSOL,   chez M. Desmoulin, rue de Talleyrand, n.o 23.

GARDES DU CORPS DU ROI.

CAPITAINES DES GARDES.

S. S. M. le Duc D'HAVRÉ ET DE CROŸ,   chez M.me de Vignacourt, rue de Vesle.
S. S. M. le Duc DE GRAMONT,   chez M. Joltrois-Jacquemart, rue du Bourg Saint Denis.
S. S. M. le Pr. DE POIX, Duc DE MOUCHY,   chez M. Tapin, rue de Gueux, n.o 8.
S. S. M. le Duc DE LUXEMBOURG,   chez M. Pagnon-Vuatrin, rue des Anglois, n.o 7.

Service près la personne du Roi.

S. S. M. le Marquis DE RIVIÈRE,   à l'Archevêché.

MAJORS DE COUR.

S. S. M. le Baron DE GLANDEVÈZ,   à l'Archevêché.
M. le Marquis DE COURBON ;   chez M. Duplessis, rue du Corbeau, n.o 4.
M. DE MONTIER, Aide-de-camp de M. le Capitaine des Gardes de service,   chez M. Prévoteau-Gérardin, rue du Cloître, n.o 7.
M. le Marquis DU BOUTET, Lieut. d'escorte,   chez M. Miteau, rue de la Grue, n.os 4 et 5.
M. DE MONTY, Sous-Lieutenant,   chez M. Couard-Rouget, place St.-Pierre, n.o 2.

Service près Monseigneur le Dauphin.

M. DE BARBANÇOIS, Lieutenant d'escorte,   chez M. Miteau, rue de la Grue, n.os 4 et 5.
M. MAZIN, Sous-Lieutenant,   chez M. Lecoq, rue Vauthier-le-Noir, n.o 7.

Service près Madame la Dauphine.

M. BENOIST, Sous-Lieutenant d'escorte,   chez M. Forest, rue du Bourg Saint Denis.
M. le Comte DE LIGNERIE, Sous-Lieutenant,   chez M.me V.e Quicheron, rue Vauthier-le-Noir, n.o 3.

Service près S. A. R. Madame, Duchesse de Berry.

M. le Comte DE MAUPAS, Sous-Lieutenant, d'escorte,   chez M. Bacquenois, rue du Bourg Saint Denis, n.o 99.
M. le Comte DANDELAW,   chez M. Hacquart, rue des Anglois, n.o 2.

COMPOSITION DES ESCADRONS.

ÉTAT-MAJOR.

S. S. M. le Duc DE GRAMONT,   (*Voir Capitaine des Gardes.*)
    MM.
le Comte DE BOISGELIN, Aide-Major,   chez M. Féquant, rue de la Visitation, n.o 2.
le Baron DE JASSAUD, Lieutenant-Major,   chez M. Crévaux, rue du Barbâtre, n.o 106.
le Comte DE PELLAN,   chez M. Carré-Ponsardin, rue Saint-Sixte, n.o 7.
le Marquis DE BONNEVAL,   chez M. Massé-Valery, rue du Barbâtre, n.o 163.
le Baron DE CHAMOUIN,   chez M. Gerly,   *Idem.*   n.o 12.
le Baron DE NAYLIES,   chez M. Carré-Ponsardin, rue Saint-Sixte, n.o 7.

MM.

DE LA BRETONNIÈRE, Adjudant-Major, chez M. DELABUE, Halle Saint-Remi, n.º 21.
le Comte DE VILLAINES, Adjudant-Major, chez M.me V.e LETHINOIS, *Idem.* n.º 7.
DE LABROUSSE, chez M. TAVERNE-DUVAL, *Idem* n.º 8.
DE BROUX, chez M.me V.e REGNIER, rue Fléchambault, n.º 52.
le Marquis DE VITRY, Aide-de-camp de M. le Capitaine des Gardes, chez M. HOURLIER-LEFRANC, rue Neuve, n.º 155.

ESCADRONS.

MM.

le Général DULONG, Lieutenant-Commandant, chez M. GILBERT, rue du Cerf, n.º 23.
le Marquis de TILLY-BLARU, chez M. GRANDREMY, rue Neuve, n.º 145.
le Comte de NADAILLAC, chez M. ROUSSEAU, rue des Salines, n.º 1.
le Comte LIAUTAUD, chez M. DENIS, rue Neuve, n.º 6.
le Comte DE DAMPIERRE, chez M. DE GUIGNICOURT, rue Large, n.º 38.
le Comte DE SAINTE-ALDEGONDE, chez M.me V.e LANGLET, rue Dieu-Lumière, n.º 37.
le Marquis DU TILLET, chez M. DESBORDES, *Idem.* n.º 30.
le Marquis DE LA MAISONFORT, chez M. HOUSSARD, rue Neuve, n.º 164.
le Comte DE POIX, chez M. LELARGE, *Idem.* n.º 28.
le Vicomte DE BERTHIER, chez M. NIVERD-CHAMPAGNE, *Idem.* n.º 130.
le Comte DE LA TOUR-MAUBOURG, chez M. SARRAZIN, rue du Chatelet, n.º 12.
le Comte DE DAMPIERRE, chez M. MARY, rue Neuve, n.º 1.
le Vicomte DE LUPPÉ, chez M. NIVERD-JEUNEHOMME, *Idem.* n.º 63.
le Marquis DE PREISSAC, chez M. GANNELON-COLLART, rue de Moulin, n.º 25.
le Chevalier DUCOSQUIER, Sous-Lieutenant, chez M. ASSY-MENNESSON, rue du Barbâtre, n.º 198.
le Comte DE VENEVELLE, chez M. VERRIER père, rue des Cloîtres, n.º 9.
le Comte DE LABÉDOYÈRE, chez M. RODIAN, rue Dieu-Lumière, n.º 21.
le Chevalier DE LAVAUR, chez M. MOPINOT, *Idem.* n.º 29.
le Comte DE SAINT-FARGEAU, chez M. THIERY-CELLIER, rue du Barbâtre, n.º 99.
le Chevalier DE GIRAUD, chez M. PATERNOTTE-ADRIEN, *Idem.* n.º 27 (*bis*).
le Comte D'AUX, chez M. LIÉNARD-CANAUX, *Idem.* n.º 38.
le Chevalier DE FONFILHOMME, chez M. LHOSTE-LUNDI, *Idem.* n.º 70.
le Baron DE CASSAN, chez M. GACHET, Halle Saint-Remi.
le Comte DE LEVIS, chez M. SEPIÈRE, rue du Barbâtre, n.º 55.
le Chevalier BERANGER, chez M. PÉRARD-CUDRÉAUX, *Idem.* n.º 47.
le Marquis DE LASCAZE, chez M. DEVAUX-FLEURY, rue de Moulin, n.º 48.
le Comte DE LA TOURETTE, chez M. TONNELIER-CAMUZET, rue Neuve, n.º 168.
le Comte DE FONTENOY, chez M.me V.e CHOISY, rue Dieu-Lumière, n.º 41.
le Vicomte DE PONTAC, chez M. ARLOT, rue du Barbâtre, n.º 27.
le Comte DE MONTMORE, chez M. TELLE pere, *Idem.* n.º 104.
le Comte DE FAUCIGNY, chez M. CHABROLET, rue Dieu-Lumière, n.º 9.

GARDES A PIED DU CORPS DU ROI.

MM.

le Duc DE MORTEMART, Capit. des Gardes, chez M.me V.e ASSY-PRÉVOTEAU, rue de la Peirière, n.º 5.
le Marquis DE ROUGÉ, Lieut.-Commandant, chez M. CHAMBON, rue de la Vignette, n.º 5.
le Chev. de BUMAN, Capitaine, Lieut.-Colonel, chez M. LEFÉBURE-DELIGNY, rue du Bourg Saint Denis, n.º 23.
le Baron DE VINCY, Lieutenant, chez M. LEFÉBURE-DELIGNY, rue du Bourg Saint Denis, n.º 23.
le Comte DE RIVIERE, Sous-Lieutenant, chez M. FERNET, rue de Contray, n.º 7.
DE ROUVROY, chez M. ROBERT-PETIT, *Idem.* n.º 23.
le Marquis D'ABANCOURT, Adjudant-Major, chez M. MOBILLON-LECOMTE, impasse Saint Denis, n.º 4.

INTENDANS MILITAIRES.

MM.

le Baron CLARAC, Intendant, chez M.me V.e SIMON-MASSÉ, rue du Barbâtre, n.o 102.

DE WEYLER, Sous-Intendant, chez M.me V.e JUSTINARD, rue Neuve, n.o 14.

PELLECHET, *Idem.* chez M. TOURNEUR-CHOISY, rue du Barbâtre, n.o 166.

CORPS DES MARÉCHAUX ET FOURRIERS DES LOGIS DU ROI.

S. S. M. le Marquis DE LA SUZE, Grand Maréchal-des-Logis, chez M.me MALFILATRE, rue du Trésor.

Service de Reims.

MM.

le Comte DE GESLIN, Maréch.-des-Logis du Roi, chez M. CHAMPAGNE-PARISET, rue Porte-aux-Ferrons, n.o 5.

le Comte DU COLOMBIER, Four. de 1.re classe, chez M.me V.e PONSARDIN, rue de Vesle, n.o 203.

DU MONCHAU, Fourrier, chez M. PIERRET, M.d Mercier, rue de Vesle, n.o 2.

BLANCHARD, Fourrier de 2.me classe, chez M. BALIGOT, rue de Vesle, n.o 15.

VEYTARD, *Idem.* chez M. MASSON, rue des Tapissiers, n.o 38.

Service de Fismes.

M. DU MONCHAU, Maréchal-des-Logis du Roi, chez M. LELARGE-HOUSSART, rue des Élus, n.o 13.

M. le Vicomte DE NARP, Fourrier de 1.re classe, chez M. COURMEAUX, rue de Vesle, n.o 39.

Service de Compiègne.

M. le Ch. DE BUYRETTES, Maréch.-des-Logis, chez M. GANDON, rue de Vesle, n.o 188.

M. DE WATER, Fourrier de 2.me classe, chez M. BALIGOT, *Idem.* n.o 15.

Service de MM. les Gardes du Corps du Roi.

M. le Chevalier MEILLE, Maréchal-des-Logis, chez M. SPILLEUX, rue du Trésor, n.o 3.

Service de MM. les Gardes à pied du Corps du Roi,

M. le Comte DE CALONNE, Fourrier des Logis, 1.re classe, chez M. CLICQUOT-DELACAMPAGNE, rue des Élus.

M. BEUZELIN, Trésorier de la Maison du Roi, chez M. CAMU-DIDIER, rue de la Grue, n.o 1.

MAISON DE M.gr LE DAUPHIN.

S. S. M. le Duc DE DAMAS, premier Menin, à l'Archevêché.

M. le Duc DE GUICHE, chez M. GOULET-COLLET, rue du Bourg Saint Denis, n.o 38.

M. le Général Comte BORDESOUL, Menin, chez M. DE SALIGNAC, rue de Gueux.

M. Menin de M.gr le Dauphin, chez M. THIERRY père, rue de la Peirière, n.o 8.

M. *Idem.* chez M. THIERRY, *Idem.*

M. Aide-de-camp, chez M. COIFFET, rue du Couchant, n.o 4.

M. DE MONT-GASCON, Secrétaire de la Chambre, chez M. FOLLIOT, rue Royale, n.o 13.

MAISON DE MADAME LA DAUPHINE.

Mesdames
la Duchesse DE DAMAS, Dame d'honneur, — à l'Archevêché.
la Vicomtesse D'AGOULT, Dame d'atour, — chez M. Henriot-Tapin, Place Royale, n.º 14.

DAMES POUR ACCOMPAGNER.

Mesdames
la Marquise DE SAINTE-MAURE, — chez M. Folliet, rue du Cloître, n.º 12.
la Marquise DE ROUGÉ, — chez M. Chambon, rue de la Vignette, n.º 5.
la Vicomtesse DE VAUDREUIL, — } chez Mesdames de la Congrégation, rue
la Comtesse DE VILLEFRANCHE, — } de l'Université, n.º 10.
la Marquise DE BIRON, — chez M. Camu-Didier, rue de la Grue, n.º 1.

PREMIER AUMÔNIER.

S. Em. le Cardinal DE LA FARE, — chez M. Guenart-Mauclère, rue Vieille-Couture, n.º 11.

ÉCUYER.

M. le Chevalier O'HÉGERTY, — chez M. Lacatte-Leprince, rue du Barbâtre, n.º 47.

MAISON

DE S. A. R. MADAME, DUCHESSE DE BERRY.

Mesdames
la Maréchale Duchesse DE REGGIO, Dame d'honneur, — à l'Archevêché.
la Comtesse DE NOAILLES, Dame d'atour, — chez M. Félix-Boisseau, rue de Cérès n.º 37.
la Comtesse DE BOUILLÉ, Dame pour accompagner, — chez M. Lemercier, rue Vieille-Couture, n.º 25.
la Comtesse D'HAUTEFORT, — chez M. Géruzez, rue du Bourg Saint-Denis, n.º 26.
la Comtesse DE MEFFREY, — chez M. Chalamel, rue de l'Hermitage, n.º 4.
la Vicomtesse DE CASTÉJA, — chez M. Champagne-Prévoteau, rue de la Hure, n.º 7.
la Comtesse DE LA ROCHEJACQUELEIN, — chez M. Soudan, rue Vieille-Couture, n.º 15.
la Comtesse Ch.s DE GONTAUT-BIRON, — chez M. Mathieu-Curt, rue de la Prison.
M. le Chevalier GORY, Écuyer Porte-Manteau, — chez M. Bonnefoi-Gai, rue des Tapissiers, n.º 9.

ÉCUYERS.

M. le Comte DE MESNARD, premier Écuyer, — chez M. Barbereux, rue du Trésor, n.º 5.
M.   Écuyer-Cavalcadour, — chez M.me V.e Douillet, rue Neuve, n.º 176.

MAISON DE M.gr LE DUC DE BORDEAUX.

M. le Prince DE LÉON, Gentilh. d'honneur, — chez M. Danton, rue des Écus, n.º 1.
M. le Comte D'ASTORG, Aide-de-camp, — chez M. Robert de Bonneval, rue de la Grosse-Bouteille, n.º 4.
M. le Baron DE GADY, Aide-de-camp, — chez M. Morizet, *Idem.*   n.º 13.

MAISONS

DE LL. AA. RR. Mgr LE DUC, Mme LA DUCHESSE et Mlle D'ORLÉANS.

Toutes les personnes de la Maison de LL. AA. RR.,

chez Mme Ve Ponsardin, rue de Cérès.

à l'exception de

M. le Vicomte DE ROHAN-CHABOT, premier Écuyer,

chez M. Lefranc-Petit, Place de la Grille Cérès, n.° 2.

M. le Comte DU AUTHIER, Gentilhomme de S. A. R. Mademoiselle d'Orléans,

chez M. Portevin,   *Idem.*   n.° 5.

MAISON,

DE S. A. R. Mgr LE DUC DE BOURBON, PRINCE DE CONDÉ.

Toutes les Personnes de la Maison de S. A. R.,   chez M. Barrachin Andrieux, rue de Talleyrand.

CONSEILS DU ROI.

LL. Ex. MM.

le Comte DE VILLÈLE, Président du Conseil des Ministres,

chez M. Clouet, rue de Vesle.

le Comte DE PÉYRONNET, Garde des Sceaux,

chez M. Grimprel du Goulot, rue du Petit-Cerf.

le Baron DE DAMAS, Ministre des Affaires étrangères,

chez Mme DE Courtagnon, rue du Bourg Saint-Denis.

le Marquis DE CLERMONT-TONNERRE, Ministre de la Guerre,

chez M. Thierri Ruinart, Place de l'Hôtel-de-Ville.

le Comte DE CHABROL DE CROUSOL, Ministre de la Marine,

chez M. DE Saint Marceaux, rue Comte-d'Artois.

L'ÉVÊQUE D'HERMOPOLIS, Ministre des Affaires ecclésiastiques,

Au Collège royal (*).

le Comte DE CORBIERE, Ministre de l'Intérieur,

chez M. le Comte DE Gestas, Sous-Préfet, rue de l'Échauderie.

le Duc DE DOUDEAUVILLE, Ministre de la Maison du Roi,

chez M. Ruinart DE Brimont, Maire de la Ville de Reims, et à l'Archevêché.

MINISTRES D'ÉTAT.

MM.

le Comte DUPONT,

chez M. Arnould, rue du Clou-dans-le-Fer, n.° 19.

S. S. le Baron PORTAL, Pair de France;

chez M. Siret, place Royale, n.° 7.

le Comte DE VAUBLANC,

chez M. Lemaire-Primault, rue des Consuls, n.° 2.

(*) Le proviseur de ce Collége, M. l'Abbé Legros, dont le Roi a récompensé les longs et excellens services, en lui accordant, à l'époque du Sacre, la décoration de la Légion d'Honneur, s'est empressé d'accueillir en même temps MM. le Baron Cuvier, l'Abbé Nicolle, l'Abbé Clausel de Coussergues, membres du conseil royal de l'instruction publique, et M. Becquey, inspecteur de l'académie de Paris.

MM.
le Baron DE VITROLLES, — chez M. Soyez-Leroi, rue de la Corbeille d'Or.

S. S. le Marquis DE LA TOUR MAUBOURG, — (*Voyez Ordre du Saint-Esprit.*)
S. S. le DUC DE NARBONNE-PELET, — chez M. Flicoteaux, rue Notre-Dame de l'Épine, n.º 1.

S. S. le Vicomte DIJEON, — chez M. Laubry, rue du Temple, n.º 19.
DE MARTIGNAC, — chez M.me V.e Vedy-Petit, rue Vieille-Couture, n.º 8.

le Comte DE BEUGNOT, — chez M. Lespagnol de Bezannes, rue des Chapelains, n.º 2.

le Marquis DE VILLEDEUIL, — (*Voyez Ordre du Saint-Esprit.*)

VICE-PRÉSIDENS DES COMITÉS DU CONSEIL-D'ÉTAT.

MM.
le Chevalier ALLENT, Conseiller-d'État, — chez M. Benoit, rue de Berry, n.º 8.
le Baron DE BALLAINVILLIERS, Conseiller-d'État ; — chez M. de Salignac, rue de Gueux, n.º 23.
S. S. le Comte RUTY, Pair de France, — chez M. Bouquet, rue Saint-Symphorien, n.º 5.

le Chevalier DE LA MALLE, — chez M. Lundi-Verrier, rue du Barbâtre, n.º 53.

le Baron CUVIER, — (*Voir Académie des Sciences.*)
le Baron DE LA BOUILLERIE, — chez M. Loupot, rue de Berry, n.º 3.

MAÎTRES DES REQUÊTES.

MM.
le Baron DE CROUSEILHES, — chez M. Champagne-Barré, place du Marché au Bled, n.º 5.

le Vicomte DE PEYRONNET, — chez M. Hourlier, rue du Petit-Cerf, n.º 6.
DE VILLEBOIS, — chez M. Bonnard-Leblanc, rue des Élus, n.º 5.

DE RAINNEVILLE, — chez M. Clouet, rue de Vesle, n.º 129.

CHAMBRE DES PAIRS.

S. G. M.gr DAMBRAY, — chez M. de Maussion, rue de Gueux, n.º 5.

GRANDE DÉPUTATION.

LL. SS.
le Marquis DE PASTORET, Vice-Président, — chez M. Lucas-Duchastel, rue Large, n.º 15.
le Marquis DE ROSANBO, Secrétaire, — chez M. Cellier, rue Neuve, n.os 124 et 125.
le Vicomte DE BONALD, Secrétaire, — chez M. Duchastel, rue de Vesle, n.º 9.
le Duc DE CRILLON, Secrétaire, — chez M. Leblanc-Assy, rue Vieille-Couture, n.º 7.

le Maréchal Marquis DE LAURISTON, Secr., — (*Voyez Grand Veneur.*)
le Comte DE MARESCOT, — chez M.me V.e Boulanger, rue de la Vignette, n.º 6.

le Comte MOLLIEN, — chez M. Perrin, rue du K Rouge, n.º 19.
le Duc DE PLAISANCE, — chez M. Oudart, rue des Trois-Raisinets, n.º 12.

le Marquis DE MORTEMART, — chez M.me V.e Pingard, rue Saint-Symphorien, n.º 5.

le Comte DE LA ROCHE-AIMON, — chez M. Provin, rue de Tambour, n.º 24.
le Duc DE VALMY, — chez M. Cauchois-Huet, rue du Bois de Vincennes, n.º 6.

le Comte DE CONTADES, — chez M. Assy-Regnart, rue du Bois-de-Vincennes, n.º 8.

LL. SS.

le Marquis DE JUIGNÉ, — chez M. DE DALMAS, rue de la Grosse-Clef, n.º 3.

le Marquis D'ORVILLIERS, — chez M. PAROISSIEN, rue Nulle-part, n.ºs 2.

le Duc DE LA TRÉMOILLE, — chez M. SUBÉ, rue Vieille-Couture, n.º 7.

le Comte DE SABRAN, — chez M. COLESSON, rue de la Grosse-Clef, n.º 3.

le Comte DE LA GARDE, — chez M. LACATTE-BARNIER, rue du Bois-de-Vincennes, n.º 7.

le Marquis DE LA GUICHE, — chez M.me V.e FACIOT, rue de l'Isle, n.º 4.

le Comte DE CHOISEUL-GOUFFIER, — chez M. CHERUY-JOBART, rue des Cordeliers, n.º 16.

le Comte DE CLAPARÈDE, — (*Voyez Grand'Croix de la Légion d'honneur.*)

le Comte DE LA VILLEGONTHIER, — chez M.me V.e CLICQUOT-BERNARD, rue des Bouchers.

le Vicomte DAMBRAY, — chez M. PETIT-BERTON, rue de Vesle, n.º 50.

le Comte DE MAILLY, — chez M. LEROY, rue Neuve, n.º 111.

le Comte DE BOURKE, — chez M. LANTEIN, *Idem.* n.º 109.

le Comte COMPANS, — chez M. MAUCLAIR, *Idem.* n.ºs 10 et 11.

le Marquis DE COISLIN, — chez M. KESSLER, rue de la Chasse, n.º 31.

le Marquis DE SÉMONVILLE, Grand Référendaire, — chez M. BUFFET-PERRIN, rue de la Visitation, n.º 1.

ARCHIVISTE DE LA CHAMBRE.

M. le Chevalier CAUCHY, — chez M. TOURNEUR-DESTABLES, rue de Cérès, n.º 50.

PAIRS DÉSIGNÉS COMME SUPPLÉANS A LA GRANDE DÉPUTATION.

LL. SS.

le Marquis DE RASTIGNAC, — chez M. LIÉNARD-CANEAUX, rue du Barbâtre, n.º 37.

le Duc DE MATHIEU MONTMORENCY, — chez M. RAMOND, rue du Jardin des Plantes, n.º 2.

le Duc DE MONTMORENCY, — chez M. DÉMOULIN, rue Vieille-Couture, n.º 23.
le Comte D'ESCARS,

PAIRS INVITÉS AU SACRE.

LL. SS.

le Comte DE CHASTELLUX, — chez M. MASSÉ-VALLERY, rue du Barbâtre, n.º 63.

le Baron MOUNIER, — chez M. GILBERT fils, rue du Cerf, n.º 23.
le Comte D'HAUSSONVILLE,

le Comte DE MONBADON, — chez M. SEKINGER, rue Pavée-d'Andouilles.

le Duc DE SAINT-AIGNAN, — chez M. ASSY-JALLABERT, rue des Chapelains, n.º 4.
le Comte RAYMOND DE BÉRENGER,
le Marquis DE MUN,

le Comte D'ORGLANDES, — chez M. DAVID-CHAMPENOIS, rue Saint-Étienne, n.º 18.

le Comte LECOUTEULX DE CANTELEU, — chez M. BUREAU-BRISEZ, rue du Cadran-Saint-Pierre, n.º 4.

le Marquis D'ARAGON, — chez M. MORIZET, rue Royale, n.º 3.

le Comte DE VAUDREUIL, — chez M. BUREAU-BRISEZ, rue du Cadran-Saint-Pierre, n.º 4.

le Marquis DE DAMPIERRE, — chez M. MATHIEU-CURT, rue de la Prison, n.º 5.

le Comte DE CASTELANE, — chez M. BENOÎT jeune, rue du Temp'e n.º 13.

le Duc DE PRASLIN, — chez M. DORLODOT, rue d'Anjou, n.º 12.

165

LL. EE.
le Marquis DE PANGE,
le Comte DE MONTALEMBERT,
le Duc DE NARBONNE-PELET,
le Comte D'ARGOUT,
le Duc DE BRISSAC,
le Marquis DE LOUVOIS;
le Duc DE CHOISEUIL,

e Marquis DE TALHOUET,

le Comte DE SPARRE,

le Comte DE MARCELLUS,

le Duc DE LA FORCE,
le Marquis DE SAINT-SIMON;
le Comte DE COURTARVEL-PEZÉ,
le Marquis DE VILLEFRANCHE,

le Marquis de BOISGELIN,
le Duc DE BRANCAS,

le Comte DE MONTESQUIOU,
le Comte DE VOGUÉ,
le Comte DE SAINT-ROMAN,

le Comte DE VILLEMANZY,
le Comte DE BRETEUIL,
le Vicomte DUBOUCHAGE,

le Marquis DE BIRON,

le Marquis de NICOLAI,

le Marquis D'ALIGRE,

le Comte DE TASCHER,

le Marquis DE BOISSY DU COUDRAY,

le Duc DE CLERMONT-TONNERRE,

le Marquis DE RAIGECOURT,

le Comte DE TOURNON,
le Duc DE SAULX-TAVANNES,
le Duc DE RICHELIEU,
le Comte DE MONTALIVET,
le Comte D'ARJUZON,

le Comte BELLIARD;

le Comte DE SAINTE-MAURE MONTAU-
SIER,
le Comte REILLE,

le Comte D'ANDIGNÉ,

le Marquis DE MATHAN,
le Duc DE COIGNY,

} chez M. Benoit, jeune, rue du Temple,
   n.º 13.
chez M. Mora, rue de la Belle-Image.
chez M. Morizet, rue Royale, n.º 3.
} chez M. Mora, rue de la Belle-Image.
chez M. Prévoteau-Dessain, rue de l'Échauderie, n.º 14.
chez M. le Général Verrier, rue du Petit-
   Four.
chez M. Prévoteau-Dessain, rue de l'Échauderie, n.º 14.
chez M. David - Champenois, rue Saint-
   Etienne, n.º 18.
chez M. Gonel, rue de Mars, n.os 45 et 46.
chez M. Boulanger, rue du K-rouge, n.º 29.
chez M. Salut, rue du Levant, n.º 1.
chez M. Gonel, rue de Mars, n.os 45
   et 46.
chez M. Delaunois, rue Royale, n.º 1.
chez M. Colinet, rue de la Grosse-Clef,
   n.º 6.
chez M. Denizet . rue de Monsieur, n.º 6.
chez M. Salut, rue du Levant, n.º 1.
chez M. Dérodé-Tonnelier, place Royale,
   n.º 3.
chez M. Denizet, rue de Monsieur, n.º 6.
chez M. Colsy, rue Royale, n.º 2.
chez M.me DE Monclin, rue de la Vignette,
   n.º 11.
chez M. Camu-Didier, rue de la Grue,
   n.º 1.
chez MM. le Président et les membres de la
   chambre des Notaires, rue de Gueux,
   n.º 23.
chez M. Coutier-Démoulin, rue de l'E-
   tape, n.º 35.
chez M. Arlot-Diancourt, rue du Barbâtre, n.º 27.
chez M. Coutier-Démoulin, rue de l'E-
   tape, n.º 35.
chez M. Dénizet-Gaudron, rue de Cérès,
   n. 6.
chez M. Gigot-Huet, rue Sainte Marguerite,
   n.º 1.
chez M. Avelot, rue de la Couture, n.º 57.
chez M. Lemoine, au Petit-Temple, n.º 1.
chez M. de Fay, rue de Gueux, n.º 19.
chez M. Sibire, rue Saint-Etienne, n.º 17.
che M.elle Granvarlet, rue Pavée-d'Andouilles, n.º 12.
chez M. Hourlier-Gerardin, rue Neuve,
   n.º 98.
chez M. Jamin-Rix, rue du K-rouge, n.º 6.
chez M. Bonnette-Démoulin, rue des Tapissiers, n.º 26.
chez M. Vincent - Bara, rue des Deux-
   Anges.
chez M. Midoc, rue d'Anjou, n. 2.
chez M. Démoulin-Taté, rue Vieille-Couture, n.º 23.

CHAMBRE DES DÉPUTÉS.

M. RAVEZ, Président, chez M. Ruinart de Brimont ; Maire de Reims, rue de Monsieur.

GRANDE DÉPUTATION.

MM.

DUFOUGERAY, DUBRUEL, } Questeurs, chez M. Guérin-Delacombe, rue de la Prison, n.° 9.

DE LAPASTURE, chez M. Hénault, rue Royale, n.° 6.

le Marquis DE NICOLAI, chez M. H. Vivès, place Royale, n ° 6.

le Marquis DE FRAGNIER, } Secrétaires, chez M. Nizard, rue Royale, n.° 14.

ANDRÉ, chez M. l'Abbé de Rouville, rue Neuve, n.° 90.

DE CHOISEUL D'AILLECOURT, chez M. Legoix-Andrieux, rue de Vesle, n.° 9.

le Comte DE BERTIER, idem.

le Comte D'ERCEVILLE, chez M.° Malotet., vue de Vesle, n.° 19.

le Baron DE PINTEVILLE DE CERNON, chez M. Clicquot, rue de Vesle, n.° 8.

CHILHAUD DE LA RIGAUDIE, chez M. Coltier, rue de l'Etape, n.° 22.

AGUILLON, chez M. Leroy., rue de la Couture, n.° 60.

REBOUL, chez M. Vacarie, rue de l'Etape, n.° 16.

DE FLAUJAC, chez M. Ledoyen, idem, n.° 2.

BOREL DE BRETIZEL, chez M. Allart, rue de Vesle. n °14.

le Baron D'ANTHÈS, chez M. Barbier, rue de la Couture, n.° 58.

le Comte DE SALABERRY, chez M. Carcenac, rue de l'Arquebuse, n.° 4.

BAZIRE, chez M. Claude Baulny, rue de la Couture, n ° 8.

DE KÉROUVRION, chez M. Simon Guillot, rue des Capucins, n.° 29.

LIZOT, chez M.me V.e Folliet, rue de Thillois, n.° 46.

le Baron DUPERREUX, chez M. Rohart-Rohart, rue de l'Etape, n.° 10.

le Comte JUST DE NOAILLES, chez M. Félix Boisseau, rue de Cérès, n.° 27.

le Marquis DE BAUSSET, chez M. Croutelle, rue de la Chasse, n.° 13.

CHEVALIER-LEMORE, chez M. Lecointre-Ballardelle, rue de Monsieur, n.° 8.

DESPERRIERS, chez M. Godart-Montlaurent, rue de la Chasse, n.°

DEBIANCOUR, chez M. Sart, idem, n.° 7.

DÉPUTÉS INVITÉS AU SACRE.

MM.

le Comte DE L'AIGLE, chez M. Ruinart de Brimont, Maire de la ville de Reims, rue de Monsieur.

D'AIGREMONT DE SAINT-MANVIEUX, chez M.me V.e Bourlette, rue Neuve, n.° 54.

D'ANDIGNÉ DE RESTAU, chez M. Fleury-Forget, rue de l'Equerre, n.° 54.

BARLIER, chez M. Irroy, rue Saint-Symphorien, n.° 19.

le Baron BARON, } chez M. Neveu, rue des Ecrévées.

le Marquis DE GOURGUES,

le Marquis DE BEAUREPAIRE, chez M.me V.e Jeanot, rue de la Couture, n.° 21.

BECQUEY, chez M. Rousseau, rue de la Tirelire.

DE BELLEMARE, chez M. Mauvais-Coiffier, rue de la Picarde, n.° 6.

MM.
BENOIST,

BERAUD,
le Chevalier DE BERBIS,
le Comte DE BERNIS,
le Vicomte BLIN DE BOURDON,
DE BOISJOURDAN,
BONNET DE LESCURE,
BOUCHER;
BRETON,
le Comte DE CARAMAN,
RICHARD,

le Marquis DE CHABRILLANT,
le Comte CHABROL DE CHAMÉANE,
le Marquis DE CIVRAC;
CORNET-D'INCOURT,
DE CRESSAC;

DAVAYÉ,

le Baron DESBASSYNS DE RICHEMONT

DROUILHET DE SIGALAS,

le Baron DUBAY,
le Chevalier DUBOURG,
DUCASSE DE HORGUES;

DUHAMEL DE FOUGEROUX;

le Comte DUPARC,
DURAND-DUREPAIRE,

PERALDI,
DURAND,
DURAND-FAJON,
DUSSOL,
DUSSUMIER-FONBRUNE,

EMONIN;
FAVARD DE LANGLADE,

le Marquis DE FLAMARENS,

le Marquis DE FORBIN DES ISSARS,

le Marquis DE FOUCAULT,
le Comte DE FOUGIERES,

FOUQUIER LONG,
DE FRENILLY,
le Marquis DE FROISSARD,

le Vicomte GALARD-TERRAUBE,

GAUTIER,

GAZAN,
DE GENIS,
GILLET;

chez M. LE DIRECTEUR des Impositions indirectes, rue de la Grosse-Ecritoire, n.º 1.
chez M. APPERT-PRÉVOT, rue Brûlée, n.º 54.
chez M. BONNAIRE, rue Chativesle, n.º 11.
chez M. GUERLET, rue S.-Yon, n.º 1.
chez M. ROGIER, rue Chativesle, n.ºs 18 et 19.
chez M.me V.e GOBIN, rue des Telliers, n.º 31.
chez M. GONEL, rue des Elus, n.º 1.
chez M.lle FOREST, rue de la Peinière, n.º 12.
chez M. LALLEMANT, rue Royale, n.º 7.
chez M.me V.e TUBÉ, rue de la Couture, n.º 82.
chez M. LEVIEUX-DUVAL, rue du Barbâtre, n.º 217.
chez M. GAILLIOT-PÉRARD, Idem. n.º 72.
chez M. CUDREAUX, idem. n.º 99.
chez M. PÉRARD-CUDRÉAU, idem. n.º 150.
chez M. VATHIER, rue Neuve, n.º 132.
chez M. DENIZET-FILLION, rue du Barbâtre, n.º 145.
chez M. LAMORT, rue du Bourg St. Denis, n.º 35.
chez M. GAILLOT-DEMERLIER, rue du Barbâtre, n.º 213, et chez M. JOBERT, rue Large.
chez M. LEGRAND, propriétaire, rue de Gueux, n.º 12.
chez M. LEMAIRE, idem. n.º 23.
chez M. DUBOIS, rue St.-Symphorien, n.º 8.
chez M. WATTEBAULT, rue de la Grosse-Bouteille,
chez M. DÉGIEUX-GOUBAUX, rue des Tapissiers, n.º 7.
chez M. DUDIN, rue Ste.-Marguerite, n.º 22.
chez M. WIBERT, rue du Bourg St. Denis, n.º 84.
} chez M. HUET, rue Suzain, n.º 7.
chez M. GUERLET, rue St.-Yon, n.º 1.
chez M. LETELLIER, rue du Barbâtre, n.º 148.
chez M.me V.e GAY, rue du Bois-de-Vincennes, n.º 11.
chez M. LEMOINE-LOMBARD, rue Bertin, n.º 1.
chez M. BARROIS-SANTERRE, rue de la Couture, n.º 28.
chez M. LHOSTE-PAILLET, rue du Bois-de-Vincennes, n.º 5.
chez M.me V.e PETIT-GUÉRIN, rue du K Rouge, n.º 35.
chez M.me Ve PÉRARD, rue du Barbâtre, n.º 91.
chez M. l'Abbé AUBERT, Curé de St-Remi, rue du Barbâtre, n.º 92.
chez M. BERTHERAND, rue du Marc, n.º 19.
chez M. PRÉVOST, rue de Mars, n.º 15.
chez M.me RAMOND, rue du Jardin des Plantes, n.º 1.
chez M. l'Abbé BOUDA, rue du faubourg Cérès, n.º 100.
chez M. JOLI-BARBIER, rue Neuve, n.ºs 93 et 94.
chez M. HANROT, rue de Tambour, n.º 1.
chez M. COLLINET, rue des Murs, n.º 10.
chez M. TOURNEUR-DESROSIERS, rue du Barbâtre, n.º 110.

MM.

le Comte DE GONTAUD-BIRON,

HAAS DE BELFORT,
le Vicomte D'HARCOURT,
HAUDRY DE SOUCY,

HAY,
HENNESSY,
le Baron HYDE DE NEUVILLE,

le Baron DE JANKOWITZ,
JOSSE-BEAUVOIR,
le Comte DE KERGARIOU,

le Marquis DE LABOESSIÈRE,

le Marquis DE LACAZE,

le Comte DE LA FRUGUAYE,
le Chevalier DE LA GRANDVILLE,

DE LAPANOUZE,
DE LARDEMELLE,

le Marquis DE LA LAURENCIE,

le Comte DE LAURENCIN,
LEBEAU,
LEMOINE DES MARRES,
le Baron LEROY,
le Comte LEVISTE DE MONTBRIANT,
le Vicomte DE LEZARDIERE,
MARCHAND-COLLIN,

MASSON,
DE MEAUX,

le Baron MÉCHIN,

le Comte DE MEFFRAY,

MESTADIER,

DE MIEULLE,
le Comte DE MONTBEL,

PÉTOU,

le Comte DE MOSTUEJOULS,
le Marquis DE LA MOUSSAYE,
le Marquis DE MOUSTIER,
NICAUD DE RONCHAUD,
OLLIVIER,
D'OUNOUS,

PIET,
POTTEAU D'HANCARDERIE,

DE RICARD,
le Comte DE RONCHEROLLES,
DE ROUX,

chez M. Devillé-Collet, rue du Barbâtre, n.° 7.
chez M.me V.e Avia, rue des Capucins, n.° 31.
chez M. Sabatier, rue des Tapissiers, n.° 19.
chez M.me V.e Luton-Goulin, rue du Barbâtre, n.° 23.
chez M. Évrard, Marché aux Draps, n.° 4.
chez M. Bonnefoy, rue des Tapissiers, n.° 7.
chez M. Louis Thierry, rue du Barbâtre, n.° 8.
chez M. Baligot-Sodoyer, rue Neuve, n.° 146.
chez M.elle Lespagnol, rue de Gueux, n.° 10.
chez M. Liénard-Trousset, rue du Barbâtre, n.° 28.
chez M. Gilbert de Courtagnon, rue du K-Rouge, n.° 24.
chez M. Mouras, rue du Faubourg Cérès, n.° 2.
chez M. Turault, rue Large, n.° 39.
chez M.me V.e Dessaux, rue de la Couture, n.° 50.
chez M. Contant-Petit, rue du Cloître, n.° 5.
chez M. Champagne-Pariset, rue Porte aux Ferrons, n.° 5.
chez M. Maréchal-Parmentier, rue Neuxe, n.° 35.
chez M. Villé-Gaillot, rue du Barbâtre, n.° 3.
chez M. Bergue, rue de Gueux, n.° 21.
chez M. Francart, rue de la Bûchette, n.° 75.
chez M. Chardaine, rue de la Couture, n.° 16.
chez M. Grue-Dallier, rue Bertin, n.° 1.
chez M. Éterne, rue Neuve, n.° 42.
chez M. de Beaumarchef, rue du Cimetière de la Magdeleine, n.° 17.
chez M. Oudan de Virly, rue des Telliers.
chez M. Maillefer-Coquebert, rue de Gueux, n. 12.
chez M. Constantin, rue des Augustins, n.° 3.
chez M. Mérieux-Lilette, rue des Murs, n.os 20 et 21.
chez M. Fassin-Cochois, rue du Barbâtre, n.° 215.
chez M. Cerf, rue St.-Guillaume.
chez M. Lundi-Pérard, rue du Barbâtre, n.° 90.
chez M. Nouette, place du Marché aux Draps, n.° 3.
chez M.me V.e Jajot, Idem. n.° 4.
chez M. Ronco, rue de Mars, n.° 53.
chez M. Kessler, rue de la Chasse, n.° 31.
chez M. Noel-Lefèvre, rue Rouillé, n.° 12.
chez M.me V.e Dauphinot, Idem. n.° 11.
chez M. Levieux-Paredde, rue Saint-Symphorien, n.° 10.
chez M. Arlot, rue Neuve, n.° 91.
chez M. Desrobert, rue de la Grosse-Clef, n.° 4.
chez M.me Branche, rue de Gueux, n.° 6.
chez M. Quenet, rue du Barbâtre, n.° 79.
chez M. Danton, rue de Monsieur, n.° 31,

MM.

le Vicomte DE SAINT-CHAMANS, chez M.elle Bonestrainne, rue du Petit-Four, n.º 17.

le Marquis DE CANDAU, chez M. Barrois, rue de la Corbeille-d'Or, n.º 17.

le Comte DE SAINT SÉGUIER, chez M.elle Perthois, rue du Talleyrand, n.º 12.

DE SAULTY, chez M. Demeaux, rue des Deux-Anges, n.º 28.

le Marquis DE TRAMECOURT, chez M. Pradine, rue des Tapissiers, n.º 28.

le Comte DE VALON, chez M. Viard, place du Marché aux Draps, n.ºs 13 et 14.

le Baron DE WANGEN, chez M. de Montangon, rue de Gueux.

le Vicomte HARMAND D'ABANCOURT, chez M. Lochet-Godinot, rue du Cloître, n.º 7.

COLOMB, chez M. Chalamel, rue de Tambour, n.º 2.

COUR DE CASSATION.

S. S. le Comte DESÈZE, premier Président, chez M. Fourneaux père, rue de Cérès, n.º 8.

M. HENRION DE PENSEY ; chez M. Engaigne, Marché à la Laine, n.º 10.

M. BRISSON, } Présidens, chez M. Paté, Idem. n.º 8.

S. S. le Comte PORTALIS, chez M. Delaunois, rue de l'Échauderie, n.º 4.

M. le Baron MOURRE, Procureur-Général, chez M. Moignon, rue de la Buchette, n.º 12.

COUR DES COMPTES.

S. S. le Marquis BARBÉ MARBOIS, premier Président, chez M. Desmarets, rue de Monsieur.

le Baron DELPIERRE, chez M. Gienanthe, rue des Bouchers, n.º 9.

le Baron BRIERRE DE SURGY, } Présidens, chez M.me V.e Cochinat, Idem. n.º 41.

le Baron DE GUILHERMY, chez M. Begin, Idem. n.º 1.

le Baron RENDU, Procureur-Général, chez M. Louis Follet, rue de Sedan.

COUR ROYALE DE PARIS.

S. S. le Baron SÉGUIER, premier Président ; chez M. Baron, place de l'Hôtel de Ville.

M. BELLART, Procureur-Général, chez M. Gaschon, rue du Petit-Cerf, n.º 18.

COUR ROYALE D'AGEN.

M. DELONG, premier Président, chez M. Thomé-Muiron, Marché au Blé, n.º 5.

M. RIVIERE, Procureur-Général, chez M. Hilgert, rue du K-Rouge, n.º 19.

COUR ROYALE D'AIX.

M. CASIMIR DESÈZE, premier Président ; chez M.me Barré, Cul-de-Sac de la Chanvrerie, n.º 17.

M. DELABOULIE, Procureur-Général, chez M. Chevergny, rue Royale, n.º 17.

COUR ROYALE D'AMIENS.

S. S. le Marquis MALEVILLE, premier Président, chez M. Cocquebert de Montbret, rue de la Renfermerie.

M. MORGAN DE BETHUNE, Procureur-Général, chez M.me V.e Ponsardin, rue de Vesle, n.º 203.

COUR ROYALE D'ANGERS.

M. le Comte D'ANDIGNÉ DE MAINEUF, Député, premier Président, chez M. Libotte, rue des Telliers.

M. DELAMALLE, Procureur-Général, chez M.me V.e Auger-Godinot, rue du Petit-Four, n.º 1.

COUR ROYALE DE BESANÇON.

M. CHIFFLET, Député, premier Président, chez Mme Ve MUIRON-CAQUÉ, rue du Petit-Cerf.

M. DE MEYRONNET SAINT-MARC, Procureur-Général, chez M. DESINGLY, rue des Telliers, n.º 35.

COUR ROYALE DE BORDEAUX.

M. RAVEZ, premier Président, (*Voyez Chambre des Députés.*)

M. le Baron RATEAU, Procureur-Général, chez M. Hubert, rue Saint-Hilaire, n.º 2.

COUR ROYALE DE BOURGES.

M. le Baron SALLÉ DE CHOU, premier Président, chez M. CELLIER, rue Neuve, n.ºs 124 et 125.

M. MOUSNIER-BUISSON, Député, Procureur-Général, chez M. CLICQUOT, rue de Tambour, n.º 12.

COUR ROYALE DE CAEN.

M. DE L'HORME, Député, premier Président, chez M. GONEL, rue de Mars, n.º 3.

M. le Baron GOUPIL DE PRÉFELN, Procureur-Général, chez M. LELOUP, rue de Sedan, n.º 4.

COUR ROYALE DE COLMAR.

M. MILLET DE CHEVERS, premier Président, chez M. BESNARD-DU-VAL, rue du Grenier-à-Sel, n.º 1.

M. DESCLAUX, Procureur-Général, chez M. GRIFFON, rue de la Prison, n.º 4.

COUR ROYALE DE CORSE.

M. COLONNA D'ISTRIA, premier Président, chez M. BARROIS, rue du Marc, n.º 1.

M. BILLOT, Procureur-Général, chez M. DÉLIUS, rue du Marc.

COUR ROYALE DE DIJON.

M. RANFER-MONCEAU, Baron DE BRETENIÈRE, premier Président, chez M. GIVELET, rue de Tambour, n.º 7.

M. NAULT, Procureur-Général, chez M. GUENART, rue du Marc, n.º 20.

COUR ROYALE DE DOUAI.

M. DE FOREST DE QUARTDEVILLE, premier Président, chez Mlle VIEILLARD, rue de la Belle-Image, n.º 6.

M. , Procureur-Général, chez Mme Ve DOYEN, rue Cotta, n.º 8.

COUR ROYALE DE GRENOBLE.

M. DE NOAILLE, premier Président, chez M. VIOLAR, rue de la Buchette, n.º 5.

M. ACHARD DE GERMANE, Procureur-Général, chez M. CHARLOTTEAUX, rue de la Buchette, n.º 14.

COUR ROYALE DE LIMOGES.

M. le Baron DE GAUJAL, premier Président, chez M. BAILLIET, rue de la Buchette, n.º 6.

M. le Chevalier DE GUERNON-RANVILLE, Procureur-Général, chez M. CONTANT, rue du Renard-Blanc, n.º 15.

COUR ROYALE DE LYON.

S. S. le Comte DE BASTARD-D'ESTANG, Pair de France, premier Président, chez M. HÉDOIN, rue Saint-Hilaire, n.º 1.

M. DE COURVOISIER, Procureur-Général, chez M. GRENET, rue des Bouchers, n.º 7.

COUR ROYALE DE METZ.

M. GÉRARD D'HANNONCELLES, premier
Président, chez M. DE BROSSARD, rue du Marc, n.º 16.
M. PINAUD, Procureur-Général; chez M. GRIFFON, rue de la Prison, n.º 4.

COUR ROYALE DE MONTPELLIER.

M. DE TRINQUELAGUE, premier Président, chez M. SALUT, rue du Levant, n.º 1.
M. DE JUIN DE SIRAND, Procureur-Général, chez M. BOUCHARD, rue Saint-Pierre-les-Dames, n.º 5.

COUR ROYALE DE NANCY.

M. le Comte DUBOIS DE RIOCOUR, premier Président, chez M. GRAVET, rue Saint-Symphorien, n.º 15.

COUR ROYALE DE NISMES.

M. CASSAIGNOLES, premier Président, chez M. JOBERT-PAQUOT, rue de Vesle, n.º 19.
M. GUILLET, Procureur-Général, chez M. LABART-RIDART, rue du Barbâtre, n.º 17.

COUR ROYALE D'ORLÉANS.

M. le Baron ARTHUY DE CHARNISAI, premier Président,
M. MIRON DE L'ESPINAY, Député, Procureur-Général, } chez M. TASSIN, rue de Cérés, n.º 16.

COUR ROYALE DE PAU.

M. DE FIGAROL, Député, premier Président, chez M. CAMUS-PÉRARD, rue Sainte-Marguerite, n.º 14.
M. DARTIGAUX, Député, Procureur-Général, chez M. GIGOT, Idem. n.º 15.

COUR ROYALE DE POITIERS.

M. DESCORDES, Député, premier Président, chez M. BRICH, rue de Vesle, n.º 198.
M. MANGIN, Procureur-Général, chez M.me V.e NOEL, Idem. n.º 195.

COUR ROYALE DE RENNES.

M. DUPONT-DES-LOGES, premier Président, chez
M. VARIN, Procureur-Général, chez M. PIERSON, rue de Vesle, n.º 13.

COUR ROYALE DE RIOM.

M. le Baron GRENIER, premier Président,
M. PAGÈS, Procureur-Général, } chez M. NOEL, rue de l'Arbalète.

COUR ROYALE DE ROUEN.

M. le Baron ASSELIN DE VILLEQUIER, premier Président, chez M. DEPERTHES, rue de Vesle, n.º 155.
M. VANDEUVRE, Député, Procureur-Général, chez M. BERTON, rue de la Renfermerie, n.º 4.

COUR ROYALE DE TOULOUSE.

M. HOCQUART, Député, premier Président, chez M. HENRAT, rue de l'Échauderie, n.º 13.
M. le Baron GARY, Procureur-Général, chez M.me DE CAMBRAY, rue du Marc, n.º 7.

DÉPARTEMENT DES AFFAIRES ÉTRANGÈRES.

(Voyez Corps diplomatique et Conseils du Roi.)

DÉPARTEMENT DE LA GUERRE.

S. Ex. le Marquis DE CLERMONT-TON-NERRE, Ministre Secrétaire d'État, — chez M. Thierry Ruinart, place de l'Hôtel de Ville.

M. TRAVERS DE BEAUVERT, Secrétaire Général, — chez M. Herbin-Desmarest, rue du Maillet-Vert, n.° 7.

M. le Comte DU COETLOSQUET, Directeur Général du personnel, — chez M. de Sauville, rue de la Peirière, n.° 13.

MARÉCHAUX DE FRANCE.

LL. EE.

le Duc DE CONÉGLIANO, Maréchal de France, — chez M. Frère-Millet, rue des Élus, n.° 21.

le Comte JOURDAN, — chez M. Marguet, *Idem.* n.° 23.

le Duc DE DALMATIE, — chez M. Jeunehomme, rue du Marc, n.° 14.

le Duc DE TRÉVISE, — chez M. Jobert, rue Large, n.° 37.

le Duc DE BELLUNE, — (*Voyez Garde royale.*)

le Duc DE TARENTE, — chez M. Jacob-Kolb, rue de la Grosse-Bouteille, n.° 14.

le Duc DE REGGIO, — chez M. Boisseau l'aîné, rue de Cérès, n.° 38.

le Duc DE RAGUSE, — chez M.me V.e Charles Henriot, rue Sainte-Marguerite, n° 26.

le Marquis DE GOUVION-SAINT-CYR, — chez M. Élie Salle-Assy, Marché à la Laine.

le Marquis DE VIOMÉNIL, — chez M. le Comte de Courtin, rue de Talleyrand, n.° 24.

le Marquis DE LAURISTON, — (*Voir Service de la Venerie.*)

le Comte MOLITOR, — chez M. Jacob père, rue de l'Échauderie, n.° 16.

GOUVERNEURS DES DIVISIONS MILITAIRES.

MM.

le Comte SOUHAM, Gouverneur de la cinquième Division, — chez M. David-Lochet, rue d'Artois, n.° 26.

le Marquis D'AUTICHAMP, Gouverneur de la dixième Division, — chez

le Baron DE LA ROCHEFOUCAULT, Gouverneur de la douzième Division, — chez M. Barbereux, rue du Trésor, n.° 5.

le Baron DE PUJOL, Gouverneur de la quatorzième Division, — chez M. de Vieux-Dampierre, rue de Gueux, n.° 7.

le Marquis DE LA GRANGE, — chez M. Griffon, rue Vieille-Couture, n.° 22.

LIEUTENANS-GÉNÉRAUX.

MM.

le Vicomte TIRLET, Lieutenant-Général, — chez M. Jobert, rue Large, n.° 37.

le Marquis DE COURTARVEL, — chez M. Picart, rue des Deux-Anges, n.° 21.

le Vicomte OBERT, — chez M. Clicquot, rue des Chapelains, n.° 7.

le Comte LEVÊQUE DE LA FERRIÈRE, — chez M. Berton-Bailly, rue Vauthier-le-Noir.

le Comte GRUNDELER, — chez M. Bertherand-Sutaine, rue du Marc, n.° 19.

le Marquis DE BÉTHISY, — chez M. Alloend, place de l'Hôtel de Ville, n.° 11.

le Comte D'ANDIGNÉ, — chez M. Gosset-Bauchart, rue du Petit-Cerf, n.° 22.

GRANDS-CROIX DE SAINT LOUIS.

MM.

le Marquis DE BOUZOLZ, — chez M. Mongrolle, rue Vieille-Couture, n.° 21.

le Vicomte DE CLERMONT-TONNERRE, — chez M. Milon, rue du K-Rouge, n.° 34.

MM.
Comte DE LOVERDO,   chez M. LACATTE jeune, rue du Barbâtre, n.º 51.

le Comte Charles D'AUTICHAMP,   chez M. LESPAGNOL, rue du Marc, n.º 16.

GRANDS-CROIX DE LA LÉGION D'HONNEUR.

MM.
le Comte DU COETLOSQUET,   (*Voyez ci-dessus département de la guerre*):

le Vicomte ROGNAT,   chez M. LEVAVASSEUR, rue de la Grosse-Écritoire, n.º 2.

le Comte VALLÉE;   chez M. AUBERT-RENART, rue du Barbâtre, n.º 71.

le Comte CLAPARÈDE   chez M. CLÉMENT-PINGARD, rue Haute-Croupe, n.º 2.

COMMANDEURS DE SAINT LOUIS.

MM.
le Vicomte CASTEX,   chez M. CHAMPAGNE, rue Vieille-Couture, n.º 9.

le Comte DE BOURMONT,   chez M. le Général VERRIER, rue du Petit-Four, n.º 23.

le Comte D'AMBRUGEAC,   chez M. BUREAU-BRISEZ, rue du Cadran-Saint-Pierre, n.º 4.

GRANDS-OFFICIERS DE LA LÉGION D'HONNEUR.

MM.
le Comte DE FRANCE,   chez M. GIVELET-MARGUET, rue de Vesle, n.º 20.

le Vicomte DODE DE LA BRUNERIE,   chez M. DORLODOT, rue d'Anjou, n.º 12.

le Comte VALLIN,   chez M. ANDRÈS, rue de la Peirière, n.º 10.

le Comte DE BEAUMONT,   chez M. GADIOT-DAVID, rue du K-Rouge, n.º 18.

OFFICIERS-GÉNÉRAUX.

LIEUTENANS-GÉNÉRAUX.

MM.
le Comte JOSEPH LAGRANGE, Lieutenant-Général,   chez M.

le Comte DALTON,   chez M. AUBRY-LACATTE, rue de Vesle, n.º 192.

le Vicomte DONNADIEU,   chez M. GANDON, rue de Vesle, n.º 188.

le Vicomte DE FEZENZAC,   chez M. GODART-MENNESSON, rue du Barbâtre.

le Comte FOURNIER SARLOVÈSE,   chez M. LIÉNARD-CANAUX, *Idem.*

le Comte CHARBONNEL,   chez M. SEKINGER, rue Pavée-d'Andouilles.

le Comte MONTMARIE,   chez M. DENIZET, rue de Monsieur.

le Vicomte BONNEMAINS,   } chez M. AUBRY-LACATTE, rue de Vesle,

le Vicomte BILLARD,   } n.º 192.

le Comte D'ORSAY,   chez M. DE MULLER-RUINART, rue de Berry, n.º 4.

le Vicomte JAMIN,   chez M. RENART. le jeune, rue des Groseillers, n.º 5.

MM.
le Baron HAXO ;
le Baron BERGES,
le Baron ORDONNEAU,
le Duc DE DINO,
le Comte DE LA VAUGUYON,

chez
chez M.elle FOREST, rue de la Peirière, n.º 12.
chez M. le Prince DE TAILLEYRAND, rue de Vesle.
chez M.elle GONEL, rue du K-Rouge.
chez M. DELBECK, rue Vieille-Couture, n.º 26.

MARÉCHAUX DE CAMP.

MM.
DESPREZ ;
le Comte DE DURFORT,
le Comte DE SÉGUR ;

le Baron CORDA,
le Vicomte BERTIER DE SAUVIGNY,
le Marquis DE VENDEVELLES,
le Baron GROUVEL,
le Chevalier VALAZÉ,
le Comte DE MEYNADIER,

le Baron TAILHOUX,
le Baron DE FLEURY,
DE TRESSAN,

le Comte DE LA POTERIE,
le Comte DE RAMBOURCQ,
le Comte DE SAINT-MARSAULT,
le Vicomte DE SAINT-MARS,

chez M. MENNESSON, rue de la Corne de Cerf.
chez M.
chez M. MARLAND-DRIEN, rue du Renard-Blanc.
chez M. GODART-MENNESSON, rue du Barbâtre.
chez M. THIERRY, rue de la Peirière, n.º 8.
chez M. VILLÉ-GAILLOT, rue du Barbâtre.
chez M. BENOIST, rue de Berry.
chez M. BARBIER-LACATTE, rue du Barbâtre.
chez M. Félix DUBOIS, rue du Barbâtre, n.º 209.
chez M.elle FOREST, rue de la Perrière.

chez M. MAILLE-REGNART, rue de la Chasse, n.º 2.

chez M. SEILLIÈRE, rue du Temple, n.º 17.
chez M. SUBÉ, rue Vieille-Couture, n.º 7.

DÉPARTEMENT DE LA MARINE.

MM.
le Comte DE FERRIÈRE, Vice-Amiral,

le Comte DE ROSILLY,
le Baron DUPERRÉ,

le Comte D'AUGIER, Vice-Amiral,
le Comte TRUGUET, Vice-Amiral,

le Marquis DE SERCEY,

le Comte DE GOURDON,
le Comte DE MISSIESSY,
le Vicomte JURIEN, Conseiller-d'État, Intendant des armées navales,
le Comte DE CACQUERAY, Contre-Amiral honoraire, Député de la Martinique, représentant toutes les Colonies Françaises,

chez MONSEIGNEUR L'ARCHEVÊQUE, rue Saint-Étienne.
chez M. SIMON, rue de la Poissonnerie, n.º 8.
chez M. LACATTE-JOLTROIS, rue du Barbâtre, n.º 50.
chez M.me V.e OUDART, cour Salin, n.º 5.
chez M. MOREL-DEMANCHE, Marché aux Draps, n.º 12.
chez M.me VEDY-PETIT, rue Vieille-Couture, n.º 8.
chez M.me DE LESCURE, rue des Chapelains.
chez M.me V.e DE HAUSSAY, rue de la Vignette.

chez M. DE FAY, rue de Gueux, n.º 19.

DÉPARTEMENT
DES AFFAIRES ECCLÉSIASTIQUES.

(Voyez Conseils du Roi et Clergé de France.)

DÉPARTEMENT DE L'INTÉRIEUR.

PRÉFETS

DES DÉPARTEMENS OU SIÉGENT LES COURS ROYALES.

MM.

le Comte DE CHABROL DE VOLVIC, Préfet de la Seine, — chez M. Romagny, rue de la Grosse-Bouteille, n.º 6.

MUSNIER DE LA CONVERSERIE, Préfet de Lot et Garonne, — chez M. Assy-Mennesson, rue du Barbâtre, n.º 198.

le Comte DE VILLENEUVE - BARGEMONT, Préfet des Bouches du Rhône,

le Comte DE TOCQUEVILLE, Préfet de la Somme, — } chez M. Prévost-Cudréaux, rue du Barbâtre, n.º 49.

MARTIN DE PUISEUX, Préfet de Maine et Loire, — chez M. Cadart-Lundy, rue Royale, n.º 4.

le Comte MILON DE MESNE, Préfet du Doubs, — chez M. Jean Paté, rue des Capucins, n.º 49.

le Marquis D'ALON, Préfet du Cher, — chez M. Balardelle-Bara, rue Trudaine, n.º 6.

le Comte DE MONTLIVAULT, Préfet du Calvados, — chez M.me V.e Raussin, rue Bertin et rue de la Vache, n.º 11.

le Baron DE JESSAINT, Préfet de la Marne, — chez M. Prévot de Vaudigny, rue des Chapelains, n.º 1.

chez M. Blanquet, rue Saint-Symphorien, n.º 5.

JORDAN, Préfet du Haut-Rhin, — chez M. Prévot-Jouet, rue Trudaine, n.º 1.

le Comte DE LANTIRY, Préfet de la Corse, — chez M. Noël, rue de Vesle, n.º 2.

le Marquis D'ARBAUD JOUQUES, Préfet de la Côte-d'Or, — chez M.me V.e Letertre, rue du K-Rouge, n.º 10.

le Comte DE MURAT, Préfet du Nord, — chez M.elle Perrin, rue de l'Université, n.º 25.

chez M.me Perrin-Corbijeux, rue des Cordeliers.

le Baron DE CALVIÈRE, Préfet de l'Isère, — chez M. Philippe Barillaux, faubourg de Vesle, n.º 30.

COSTER, Préfet de la Haute Vienne, — chez M. Petit-Hutin, rue du faubourg Cérès, n.º 14.

le Comte DE BROSSES, Préfet du Rhône, — chez M. Lozes, rue Vieille-Couture, n.º 6,

le Baron DE BALSAC, Préfet de la Moselle, — chez M.me V.e Lion, rue de la Couture, n.º 58.

le Baron CREUZÉ DE LESSER, Préfet de l'Hérault, — chez M. Falon-Simon, rue de la Chasse, n.º 8.

le Marquis DE FORESTA, Préfet de la Meurthe, — chez M. Oudart, rue des Trois-Raisinets, n.os 12.

le Marquis PLANELLI DE LA VALETTE, Préfet du Gard, — chez M.me V.e Gay, rue du Bois-de-Vincennes, n.º 11.

le Vicomte DE RICCÉ Préfet du Loiret, — chez M. Trouillet, rue des Trois-Raisinets, n.º 8.

DESSOLE, Préfet des Basses Pyrénées, — chez M. Jean Bouquet-Bouy, rue des Carmélites, n.º 9.

le Comte DE CASTÉJA, Préfet de la Vienne, — chez M. Miteau-Fillion, rue de la Grue;

le Comte DE VENDEUVRE, Préfet d'Ille-et-Villaine, — chez M. Renard-Beglet, rue de l'Étape, n.º 32.

le Comte D'ALLONVILLE, Préfet du Puy-de-Dôme.

le Baron DE VANSSAY, Préfet de la Seine Inférieure,

le Comte DE JUIGNÉ, Préfet de la Haute-Garonne, — chez M. Falon-Simon, rue de la Chasse, n.º 8.

PRÉSIDENS DES CONSEILS GÉNÉRAUX.

MM.

DURAN (Ain),	chez M. Égée, rue du Bourg Saint Denis, n.o 6.
SARRAZIN (Aisne),	chez M. David - Champenois, rue Saint-Étienne, n.o 111.
DE CHAMPFLOUR (Allier),	chez M. Communal-Guérin, rue des Tapissiers, n.o 35.
BUCELLE (Alpes Hautes),	chez M. Croutelle, rue St.-Étienne, n.o 25.
le Vicomte DE RAIMOND (Ardennes),	chez M. Calon, rue de la Belle-Image, n.o 1.
FALENTIN SAINTENAC (Arriège),	chez M. Gosset-Faciot, rue du Bois-de-Vincennes, n.o 4.
PAILLOT DE LOYNE (Aube),	chez M. Mauroy-Watrin, rue Saint-Symphorien, n.o 3.
Honoré REGNAUD (Bouches-du-Rhône),	chez M. Luton-Dien, rue de la Chasse, n.o 28.
DE BOUVOULOIR (Calvados),	chez M. Bertrand-Provancher, rue Dauphine, n.o 25.
CROIZET (Cantal),	chez M. Deleuze-Faciot, *Idem.* n.o 283.
Léon DUPUY (Charente),	chez M.d Géruzet, rue de Cérès, n.o 18.
FLEURIAU DE BELLEVUE (Charente Inférieure),	chez M. Compas-Rondelet, rue des Trois-Raisinets, n.o 1.
le Baron SALLÉ (Cher),	chez M. Lefèvre, rue des Marmouzets, n.o 1.
le Vic. DE PAREL D'ESPEYRUT (Corrèze),	chez M. Soyer, rue de la Couture, n.o 43.
DURAZZO (Corse),	chez M.elle Culotreau, rue de l'Étape, n.o 27.
BARBIER DE REULLE (Côte-d'Or),	chez M.me V.e Leuchsenring, rue des Capucins, n.o 14.
BARRET DE CHEIZES (Creuse),	chez M. Lefèvre, rue Robin-le-Vacher, n.o 25.
le Comte DE MIRANDOL (Dordogne),	chez M. Tonnelier, rue de Vesle, n.o 117.
le Marquis DE SIEYS (Drôme),	chez M. Tourtebatte, *Idem.* n.o 37.
le Marquis DE BOQUESTAN (Eure et Loire),	chez M. Drolin, *Idem.* n.o 161.
DUMARHALLACH (Finistere),	chez M. Bergeronneau, *Idem.* n.o 35.
le Comte DE CHAZELLES CHUSCLAN (Gard),	chez M.me V.e Petit-Assy, *Idem.* n.o 189.
DE MARSAC (Haute Garonne),	chez M.me V.e Prévoteau-Herbin, rue de la Vignette, n.o 4.
THEZAN (Gers),	chez M. Huart-Jacquet, rue de Gueux, n.o 22.
le Marquis DE SAINT-MAURICE (Hérault),	chez M.me V.e Petit-Pluche, rue de Châtivesle, n.o 49.
AUBRIÉE (Ille et Vilaine),	chez M. Coutier, rue de l'Étape, n.o 25.
le Comte DUBOUCHAGE (Isère),	chez M. Kopp, rue Château de la Porte Mars, n.o 1.
le Marquis DE MONCIEL (Jura),	chez M. Briolet, rue du Jardinet, n.o 11.
le Marquis DE LYON (Landes),	chez M. Denizet, *Idem.* n.o 13.
DE LAPLACE (Loir et Cher),	chez M. Grouzelle, rue de la Corne de Cerf, n.o 1.
le Marquis DE TARDY, (Loire),	chez M. Pissot, rue de Tambour, n.o 3.
CALEMARD DE LA FAYETTE, (Loire Haute),	chez M.me V.e Perthois, rue du Petit-Cerf, n.o 18.
BARON (Loire Inférieure),	chez M. Vannesson, rue de Tambour, n.o 14.
le Duc DE CIVRAC (Loiret),	chez M.me V.e de Méchain, rue du Petit-Four.
SÉGUY (Lot),	chez M.me V.e Permelet, rue de Tambour, n.o 28.
SAINT AMANS (Lot et Garonne),	chez M. Dallier-Massé, Marché au Drap.
ANDRÉ (Lozère),	chez M. Vitu-Frémeau, *Idem.* n.o 17.
le Comte DE LABOURDONNAYE (Maine et Loire),	chez M. Didier, rue Bertin, n.o 3.
DUMÉRIL (Manche),	chez M. Denizet, rue de Monsieur, n.o 6.
THOMASSIN DE BIENVILLE (Marne Haute),	chez M. Daire, *Idem.* n.o 7.
le Marquis DE BAILLI (Mayenne),	chez M. Labbeye, rue de la Vache, n.o 1.
le Comte DE RIOCOURT (Meurthe),	chez M. Lundi-Pierlot, Marché à la Laine,
le Comte DE VASSINHAC DINICOURT (Meuse),	chez M. Chazet, *Idem.* n.o 23.

MM.

le Comte ARMAND DE LA ROCHEFOU-CAULT (Nièvre), — chez M. GUYOTIN, rue du Cheval-Blanc, n.º 8.

le Baron DE COUPIGNY (Pas-de-Calais) ; — chez M. AUGER-GODINOT, rue du Temple, n.º 8.

le Comte DE CASTELANE (Puy-de-Dôme), PARIS (Pyrénées Orientales), — chez M. APPERT, rue du Marc, n.º 12.

RENOUARD DE BUSSIÈRE (Bas Rhin), — chez M. PERRIN, *Idem.* n.º 2.

SAVARON (Rhône), — chez M. MARGUET-CLICQUOT, rue de la Peirière.

BRESSAUD (Haute Saône), — chez M.me V.e CONTANT, rue Cotta, n.º 3.

le Marquis DE DORIA (Saône et Loire), — chez M. RIVART, rue de Sedan, n.º 12.

DE CHAUBRY (Sarthe), — chez M.me V.e JEANNOT, rue de la Couture, n.º 22.

le Marquis DE VERAC (Seine et Oise) ; — chez M. DÉMOULIN-TATÉ, rue Vieille-Couture, n.º 23.

CHEBROU DE LA ROULIÈRE (Deux Sèvres), — chez M.me BUFFRY, rue de la Vignette, n.º 4.

ROUILLÉ DE FONTAINE (Somme) ; — chez M. DROINET, rue de la Renfermerie, n.º 2.

le Marquis de SAINT GÉRY (Tarn), — chez M.me V.e LETERTRE, rue du K-Rouge, n.º 20.

le Marquis D'ESCAYRAC (Tarn et Garonne), — chez M. BERNAGE, rue du Maillet-Vert, n.º 3.

le Comte DE CAMBIS-LEZAU (Vaucluse), — chez M.

SAPINAUD (Vendée), — chez M. LACATTE-JOLTROIS, rue du Barbâtre, n.º 50.

le Duc DE CHOISEUL (Vosges), — chez M. OUDAN DE VIRLY, rue des Telliers, n.º 28.

le Marquis DE VILLEFRANCHE (Yonne), — chez M. PONSARDIN-SIMON, *Idem.* n.º 25.

MAIRES DE LA BONNE VILLE DE PARIS.

MM.

le Baron LECORDIER, Maire du 1.er Arrondissement, — chez M. BERTHERAND, rue du Marc, n.º 19.

SANLOT-BAGUENAULT, 2.me — chez M. ROMAGNY-DANIEL, rue de Cérès, n.os 14 et 15.

CRETTÉ DE PALLUEL, 3.me — chez M. CHAMBAL, rue de la Chasse.

LEBRUN, 4.me — chez M. DELAMOTTE, rue de Cérès, n.º 15.

HUTTEAU-D'ORIGNY, 5.me — chez M. DINET, place Saint-Pierre, n.º 2.

le Baron LEGRAND DE VAUX, 6.me — chez M. DESTOMBES-GERLY, rue de Cérès, n.º 1.

le Bar. LEPRIEUR DE BLAINVILLIERS, 8.me — chez M. LAVERNE, rue de Gueux, n.º 18.

PIAULT, 10.me — chez M. MAILLE-REGNART, rue de la Chasse, n.º 2.

FIEFFÉ, 11.me — chez M. AUBRY-BESANÇON, rue du Bourg Saint-Denis, n.º 59.

COCHIN, 12.me — chez M. BONNAIRE, rue de l'École-de-Médecine, n.º 5.

MAIRES DES BONNES VILLES.

MM.

le Baron RAMBAUD, (Lyon), — chez M. CURMER, place de l'Hôtel de Ville.

le Marquis DE MONTGRAND, (Marseille), — chez M. CHARPENTIER-DELOGE, rue du Barbâtre, n.º 201.

le Vicomte DU HAMEL (Bordeaux) ; — chez M. DAUPHINOT, rue de Vesle, n.º 45:

le Marquis DE MARTAINVILLE (Rouen), — chez M. PAILLE, rue de la Tirelire.

LEVESQUE (Nantes), — chez M.me V.e TIERCELET, rue de l'Étape, n.º 26.

le Comte DE MUYSSART (Lille), — chez M. BOUCHARD, rue de l'Université, n.º 6.

le Comte D'ARGENVILLIER (Toulouse), — chez M. MÉLINETTE, rue des Telliers, n.º 26.

DE KENTZINGER (Strasbourg), — chez M.me V.e LECLERC, rue Sainte-Marguerite, n.º 1.

le Comte DE ROCHEPLATTE (Orléans), — chez M. PETIZON-LUCAS, rue Large, n.º 16.

178

MM.

DAVELUY BELLANCOURT (Amiens), chez M. Dorigny, rue Rouillé, n.° 10.

BRILLET DE VILLEMORGE (Angers), chez M. Muiron, *Idem.* n.° 4.

le Marquis D'AX-D'AXAT (Montpellier), chez M. Pombart, *Idem.* n.° 3.

le Marquis DE TURMEL (Metz), chez M.elle d'Augé, rue de la Vignette, n.° 10.

le Comte D'OSSEVILLE (Caen), chez M. Cerf-Cordier, rue Rouillé, n.° 1.

BLATIN (Clermont-Ferrand), chez M. Pillon, rue du Temple, n.° 7.

le Marquis TERRIER DE SANTANS (Besançon), chez M. Fusillier, rue des Nouvelles-Boucheries, n.° 3.

DE RAULECOURT (Nancy), chez M. Colsy, rue Royale, n.° 2.

le Marquis DE LA LONDE (Versailles), chez M.me V.e Garvey, rue de Cérès, n.° 21.

DE LORGERIL (Rennes), chez M. Gilbert de Savigny, rue du K.-Rouge, n.° 33.

LEGRAS (Tours), chez M.me V.e Hourlier, rue des Telliers, n.° 24.

le Comte DE BONNEVALDOULLÈS (Bourges), chez M. Aubin, rue de la Couture, n.° 35.

le Marquis DE PINA (Grenoble), chez M. Liénard-Harbaville, rue de la Couture, n.° 35.

VIAULT (la Rochelle), chez M.me V.e Mopinot, rue des Tranchées, n.° 14.

le Marquis DE COURTIVRON (Dijon), chez M.me V.e Bralle, rue de Thillois, n.° 51.

RUINART DE BRIMONT (Reims), rue de Monsieur.

DUMOULINET DE GRANÈS (Montauban), chez M. Richard, rue de la Couture, n.° 82.

DE FADATTE DE St.-GEORGE (Troyes); chez M. Cadot-Prévoteau, rue du Temple, n.° 15.

RATYÉ; Vicomte DE LA PEYRADE (Cette), chez M. Billet-Dez, Faubourg de Vesle.

le Baron DE FOURNAS-MOUSSOULENS (Carcassonne), chez M. J.-B. Roze, *Idem.* n.° 26.

SOULIER (Avignon), chez M. Durois, cour Joli, faubourg Cérès, n.° 17.

D'ESTIENNE-DU-BOURGUET (Aix), chez M. Bouchard, rue de l'Université, n.° 6.

le Chevalier DE PERPIGNA (Pau), chez M. Pinon-Duval, faubourg de Vesle, n.° 2.

DE CHASTELLIER (Nismes), chez M. Vebert, rue de Thillois, n.° 53.

le Vicomte DE CHARRIER-MOISSARD (Toulon), chez M. Cerlet, faubourg de Vesle, n.° 16.

le Baron DE MULLER (Colmar), chez M. Camu-Daras, rue de la Couture, n.° 31.

BÉTHUNE-HOURIEZ (Cambray), chez M. Dallier-Bonnette, Marché au Drap, n.° 17.

DULIÉGE D'AUNIS (Abbeville), chez M. Peuvrel, rue de Cérès, n.° 36.

COLONELS DE LA GARDE NATIONALE DE PARIS.

MM.

DE LA PEYRIÈRE, Colonel, 1.re légion, chez M. Engaigne, Marché à la Laine, n.° 10.

VILLET, 2.me légion, chez M. Bredy-Gilbert, rue Canneton, n.° 35.

POLISSARD-QUATREMÈRE, 4.me légion, chez M. Restaut-Mennesson, rue du Marc, n.° 8.

le Vicomte DE LA ROCHEFOUCAULT, 5.me légion, (*Voyez Département des Beaux Arts.*)

le Marquis DE FRAGUIER, 6.me légion, chez M. Rivart, rue du Pied-de-Bœuf, n.° 1.

le Comte DE QUELEN, 7.me légion, chez M.

le Comte DE SAINT-ROMAN, 8.me légion, (*Voyez Pairs de France.*)

le Vicomte HÉRICART DE THURY, 9.me légion, chez M. Duval, rue de Sedan, n.° 11.

le Comte DE VAULGRENNAND, 10.me légion, chez M. Clément, rue de l'Arbalète, n.° 13.

LARSONNIER, 11.me légion, chez M.me V.e Féart, esplanade Cérès, n.° 14.

AGIER, 12.me légion, chez M. Dupré, rue Royale, n.° 5.

le Comte DE CAUMONT, Colonel de la garde nationale à cheval, chez M. Darré, rue du Marc, n.° 8.

le Marquis DE TAULAIS, Officier supérieur, chez M. Lefebvre, rue de Gueux, n.° 18.

COMMANDANS DE LA GARDE NATIONALE DES VILLES CHEFS-LIEUX DES COURS ROYALES.

MM.

commandant la Garde nationale d'Agen, chez M. MAURICE-SAVOYE, rue du Barbâtre, n.º 20.

le Marquis DE MONTAGNE, à   Aix,   chez M. BOUCHART, rue de l'Université, n.º 6.

Amiens, chez M. PRÉVOT-CUDRÉAUX, rue du Barbâtre, n.º 49.

Angers, chez M. CADART-LUNDY, rue Royale, n.º 4.

TENET,   Bordeaux, chez M. HOURELLE, place Saint-Pierre, n.º 3.

Bourges, chez M. BALARDELLE-BARA, rue Trudaine, n.º 6.

Caen, chez M.me V.e RAUSSIN, rue de la Vache, n.º 11.

PATOKY,   Colmar, chez M.me BILLET-DORIGNY, rue des Carmélites, n.º 7.

Bastia, chez M. PRÉVÔT-JOUET, rue Trudaine, n.º 1.

PALAISEAUX,   Dijon, chez M. NOEL, rue de Vesle, n.º 2.

Douai, chez M.me V.e LETERTRE, rue du K-Rouge.

Limoges, chez M. MAILLET, rue de la Couture, n.º 36.

le Chevalier CARTENER,   Metz, chez M. PATÉ-CURT, rue Large, n.º 3.

Montpellier, chez M. COLLINET, rue de la Grosse-Clef, n.º 6.

Orléans, chez M. ENGAIGNE, Marché à la Laine, n.º 10.

Pau, chez M.me V.e GAY, rue du Bois-de-Vincennes, n.º 11.

Poitiers, chez M. TROUILLET, rue des Trois-Raisinets, n.º 8.

Rouen, chez M. THIBAULT, rue de Thillois, n.º 52.

le Comte D'AGUILARD,   Toulouse, chez M. RIVART, rue de Sedan, n.º 12.

PRÉSIDENT DU CONSISTOIRE DU CULTE RÉFORMÉ DE NISMES.

M. OLIVIER DE SARDAN, chez M. LEBÈGUE-PARUITE, rue de l'Étape, n.º 13.

PRÉSIDENS DES QUATRE ACADÉMIES DE L'INSTITUT ROYAL DE FRANCE.

M.   , Académie française, chez M.me V.e GUENET, rue de la Couture, n.º 51.

M.   , Académie royale des Beaux-Arts, chez M. DANTON-LUTON, rue de la Chasse.

SECRÉTAIRES PERPÉTUELS.

M. le Baron CUVIER, de l'Académie royale des Sciences, au Collège Royal.

M. QUATREMÈRE DE QUINCY, Académie royale des Beaux-Arts, chez M. LAJOIE, rue Large, n.º 13.

PRÉSIDENS DES CHAMBRES DE COMMERCE DES VILLES DE PARIS, BORDEAUX, MARSEILLE, ROUEN, NANTES.

M. ODIER (Paris), chez M.

M. BALGUERIE STUTTENBERG (Bordeaux), chez M. DENIZET, rue de Cérès, n.º 6.

M.   , (Marseille), chez M. BENOIST, rue du Bourg Saint-Denis, n.º 76.

M. LE BRUMENT (Rouen), chez M. CHANTRAINE, faubourg de Vesle, n.º 19.

M. FRANÇOIS DELAVILLE (Nantes), chez M. BARON-GIGOT, esplanade Cérès, n.º 12.

ACADÉMIE ROYALE DE MÉDECINE.

M. PARISET, Secrétaire perpétuel, chez M.me V.e LEFEBVRE, rue de la Grue, n.º 3.

CONSEIL SUPÉRIEUR DU COMMERCE.

M. le Comte DE SAINT-CRICQ, chez M. SIMON-LEFEBVRE, rue du Bourg Saint Denis, n.º 64.

M. chez M. LOSSEAU, *Idem.* n.º 17.

DÉPARTEMENT DES FINANCES.

(Voir Conseil des Ministres.)

DÉPARTEMENT DE LA MAISON DU ROI.

S. Ex. le Duc de DOUDEAUVILLE, chez M. RUINART DE BRIMONT, Maire de Reims.

DÉPARTEMENT DES BEAUX ARTS.

M. le Vicomte DE LA ROCHEFOUCAULT, chez M. le Comte DE COURTIN, rue Vieille-Couture.

INTENDANT DU GARDE-MEUBLE.

M. le Baron DE VILLE D'AVRAY, rue du Cloître, n.º 10.

DIRECTION DU MATÉRIEL DES FÊTES ET CÉRÉMONIES.

M. le Baron DE LA FERTÉ, chez M.me DE VANOISE, rue des Deux-Anges.

CLERGÉ DE FRANCE.

S. Ex. l'ÉVÊQUE D'HERMOPOLIS, Ministre des Affaires ecclésiastiques, au Collége Royal.

S. Ex. M.gr DE CLERMONT-TONNERRE, Cardinal, chez M.me V.e GARD, rue de Cérès, n.º 34.

M.gr l'Evêque DE MONTAUBAN, chez M.me V.e HUET-COLLET, Place de la Grille Cérés, n.º 5.

S. Ex. le Duc DE LA FARE, Cardinal, chez M. GUENART-MAUCLÈRE, rue Vieille-Couture, n.º 11.

MM.grs

, Archevêque de Troyes, (décédé.)

le Prince de Croy, Cardinal, (*Voyez la grande Aumônerie.*)

l'Évêque d'Évreux, chez M. DECORBIE, rue du Marc, n.º 17.

l'Archevêque de Bordeaux, chez M.elle MAQUART, rue du Cloître, n.º 6.

l'Évêque de Poitiers, chez M.me DE CHAMPEAUX, rue de la Belle-Image, n.º 2.

l'Archevêque d'Aix. chez M. le Marquis DE TERMES, rue de la Prison, n.º 4.

MM.^{grs}
l'Évêque de Marseille , chez M. DE DION, place Saint-Pierre.
l'Archevêque de Paris , chez M. NAVIER, rue de Gueux, n.º 6.
l'Évêque de Meaux , chez M. REGNART – DELIGNY , rue Saint-Étienne, n.º 11.
l'Archevêque de Tours , au petit Séminaire.

l'Évêque du Mans , chez M. ASSY-VILLAIN, rue de Vesle, n.º 20.
l'Évêque de Rennes , à la Maison dite des Orphelins.

l'Archevêque de Besançon , chez M. LEFEBVRE, rue Neuve, n.º 99.
l'Évêque de Nancy , à la Maison des Missions.

l'Archevêque d'Avignon , chez M. MAILLEFER-RUINART, rue du Marc, n.º 15.

l'Évêque de Nismes , chez Mmes les RELIGIEUSES de la Visitation, rue Neuve, n.º 93.

l'Archevêque d'Alby, chez Melle DE MURCY, rue de la Renfermerie, n.º 6.

l'Évêque de Rodez , chez M. MASSIGAS , rue de l'Échauderie , n.º 15.

l'Archevêque d'Auch , chez M. DE BELLY, rue de Gueux, n.º 1.
l'Évêque de Bayonne , chez M. MILLET-GROS , rue du Barbâtre , n.º 89.

l'Évêque de Soissons , chez M. GROS-MILLET, rue du Barbâtre, n.º 210.

l'Évêque de Châlons , chez M. Edmond RUINART, rue de Cérès.
l'Évêque de Beauvais , chez M. l'Abbé THIERRY , Curé de Notre-Dame.

l'Évêque d'Amiens, chez M. Baudille GROS , rue du Barbâtre, n.º 215.

l'Archevêque de Bourges , chez M. Thierry RUINART, place de l'Hôtel de Ville.

l'Évêque de Strasbourg , au grand Séminaire.

l'Évêque de Clermont ,
l'Évêque du Puy,
l'Archevêque d'Amasie, Administrateur du Dio-
 cèse de Lyon , } chez M. DE GUIGNICOURT , rue Large , n.º 38.

l'Évêque d'Autun , chez M. DESSAIN, rue Saint-Hilaire.
 chez Mme DE VILLARZY, impasse du K-Rouge.

CONSEIL ROYAL DE L'INSTRUCTION PUBLIQUE.

M. Membre du Conseil, chez M. MUIRON, rue du faubourg Cérès, n.º 100.

M. *Idem.* chez M. QUIQUET, Épicier, faubourg de Cérès, n.º 79.

M. *Idem.* chez M. MESSIN, faubourg de Vesle, n.º 7.

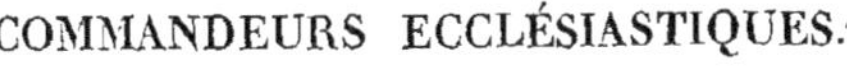

ORDRE DU SAINT-ESPRIT.

COMMANDEURS ECCLÉSIASTIQUES.

M. DAVIAU DUBOIS DE SANZAY, (*Voyez Clergé de France.*)
M. l'Abbé, Duc de MONTESQUIOU, Pair chez M. VANDERVECKEN, rue Saint-Sym-
de France , phorien, n.º 3.

S. Em. le Cardinal Duc DE LA FARE, premier
Aumônier de Madame la Dauphine,
S. E. le Cardinal Prince DE CROY, Grand-
Aumônier,
      (*Voyez Clergé de France.*)

CHEVALIERS COMMANDEURS.

LL. SS.

le Duc DE LA VAUGUYON, Pair de France,
   chez l'Abbé Bara, rue du Bourg Saint Denis, n.º 27.

le Duc DE LA ROCHEFOUCAULT, Pair de France,
   chez M. Jobert, rue Large, n.º 27.

le Prince DE TALLEYRAND, Grand-Chambellan,
   (*Voyez Service du Grand-Chambellan.*)

le Duc DE LUXEMBOURG, Capitaine des Gardes du Corps,
   chez M. Pagnon-Wuatrin, rue des Anglois, n.º 7.

le Duc DE GRAMMONT, *Idem.*
   (*Voyez Maison Militaire.*)

le Duc D'AUMONT, premier Gentilhomme,
   (*Voy. troisième Service du Grand-Chambellan.*)

le Duc DE LAVAL-MONTMORENCY, Pair de France,
   chez M. Petit-Marguet, rue du Clou-dans-le-Fer.

le Duc DE DURAS, *Idem.*
   chez M.me V.e Leclerc, rue Sainte-Marguerite, n.º 19.

le Duc DE LEVIS, Chevalier d'honneur de S. A. R. Madame, Duchesse de Berri,
   chez M. Bouffay, rue Saint-Étienne, n.º 6.

le Prince DE POIX, Duc DE MOUCHY, Pair de France,
   chez M. Tapin, rue de Gueux, n.º 8.

le Duc DE DALBERG, *Idem.*
   chez M. Lecointre, *Idem.* n.º 2.

le Maréchal Duc DE CONÉGLIANO, *Idem.*
le Maréchal Duc DE BELLUNE, *Idem.*
le Maréchal Duc DE TARENTE, *Idem.*
le Maréchal Duc DE REGGIO, *Idem.*
le Maréchal Duc DE RAGUSE, *Idem.*
le Maréchal Duc D'ALBUFÉRA, *Idem.*
   (*Voyez Maréchaux de France.*)

le Duc DECAZES, *Idem.*
   chez M. Belin, rue de la Picarde, n.º 2.

le Maréchal DE VIOMÉNIL, *Idem.*
   (*Voyez Maréchaux de France.*)

le Marquis DE LA TOUR-MAUBOURG, *Idem.*
   chez M. Forest-Fourneaux, rue de Cérès n.º 8.

le Marquis DESSOLES, *Idem.*
   chez M. Drouet, rue Suzain, n.º 4.

le Marquis DE RIVIÈRE, Pair de France, Capitaine des Gardes,
   (*Voyez Maison du Roi.*)

le Marquis DE CARAMAN, Pair de France,
   chez M. Goulet-Guérin, rue du Barbâtre, n.º 203.

le Duc DE BLACAS, *Idem.*
   (*Voyez Premiers Gentilshommes.*)

le Vicomte LAINÉ, *Idem.*
   chez M. Bourget, rue du Grenier-à-Sel, n.º 5.

le Baron PASQUIER, *Idem.*
   chez M. Paquot, rue de Vesle, n.º 16.

le Comte Chevalier DE DAMAS, premier Gentilhomme du Roi,
   (*Voyez Premiers Gentilshommes.*)

le Prince DE CHALAIS, Pair de France,
   chez M. Andrieux, rue de la Grosse-Bouteille.

le Marquis DE LAURISTON, Maréchal de France,
   (*Voyez Grand-Veneur.*)

le Comte DE VILLÈLE, Ministre Secrétaire d'État des Finances, Président du Conseil,
   (*Voyez Ministre des Finances.*)

le Vicomte DE CHATEAUBRIANT, Pair de France,
   chez M.me Hotte, rue de la Couture.

le Duc DE DOUDEAUVILLE, Ministre de la maison du Roi,
   (*Voyez Ministre de la Maison du Roi.*)

le Duc DE DAMAS-CRUX, premier Menin de Monseigneur le Dauphin,
   (*Voy. Maison de Monseigneur le Dauphin.*)

Marquis DE TALARU, Pair de France,
   chez M.me V.e Duchesne, rue de la Prison, n.º 6.

GRANDS OFFICIERS COMMANDEURS.

S. G. M. DAMBRAY, Chancelier de France,, *(Voyez Grand Chancelier de France.)*

M. le Marquis D'AGUESSEAU, Grand-Prévot, Maître des Cérémonies de l'Ordre ; chez M. GUYOTIN, rue du Corbeau, n.º 2.

M. le Comte DESEZE, Grand-Trésorier de l'Ordre ; *(Voyez Cour de Cassation.)*

M. le Marquis DE VILLEDEUIL , Ministre d'État, Secrétaire de l'Ordre , chez M. LEFRANC, rue Neuve, n.º 121.

M. le Prince OLOYS D'HOHENLOHE-BAR-TEINSTEIN , chez M. ASSY-OLIVIER, rue du Grenier-à-Sel, n.º 1.

OFFICIERS NON COMMANDEURS.

M. le Chevalier DESMAISONS, Héraut , Roi d'armes de l'Ordre , chez M. RIMBAUD, rue de Contray, n.º 38.

M. le Chevalier TIOLIER, Huissier de l'Ordre, chez M. DIDIER-DIMANCHE, rue du Cloître , n.º 2.

S. Ex. le Prince DE CASTELCICALA , Ambassadeur des Deux-Siciles,

S. Ex. le Duc DE SAN-CARLOS , Ministre plénipotentiaire de Lucques , } *(Voyez Corps Diplomatique.)*

GRANDS D'ESPAGNE.

M. le Prince DE MONTMORENCY,

M. le Duc DE CÉRESTE , } chez M. REGNART – GOSSET, rue Saint-Étienne, n.º 10.

M. le Prince DE BEAUVAU , chez M. GOSSET-BAUCHARD, rue du Petit-Cerf, n.º 22.

ÉTAT-MAJOR DE LA GARDE ROYALE.

S. Ex. le Duc DE BELLUNE, Major Général, chez M.me V.e HENRIOT l'aîné, rue du Cloître; n.º 1.

M. le Comte DE BOURBON-BUSSET, Aide-Major, chez M. GILLOTIN, rue Saint-Étienne.

M. le Vicomte DE VIRIEUX, Sous-Aide-Major chez M. LAFRAYE-GRAVET, rue d'Artois, n.º 4.

INFANTERIE.

M. le Comte PARTOUNEAUX, Lieutenant-Général , chez M. CERLET-CAHART, rue du Faubourg Sainte-Anne.

M. le Comte DE SESMAISONS, Chef d'État-Major , chez M. BRÉDY-BRALE , rue de Fléchambault, n.º 35.

MARÉCHAUX DE CAMP.

M. le Comte DE QUINSONAS, Maréchal de Camp, chez M. CARNOT-GANNELON, rue de Fléchambault, n.º 18.

M. le Baron MALLET, Maréchal de Camp , chez M. BRUNET-SIMON, rue Dieu-Lumière, n.º 22.

CAVALERIE.

M. le Comte DE BORDESOULLE, Lieutenant-Général , chez M. DE SALIGNAC, rue de Gueux, n.º 23.

MARÉCHAUX DE CAMP.

M. le Baron DUJON, Maréchal de Camp , chez M. LESEUR, rue des Élus.

M. le Comte DE SAINT-CHAMANS , chez M. MAURICE-SAVOYE.

M. le Comte DE LA ROCHE-AYMON, Colonel, Chef d'État-Major , chez M.   rue de Fléchambault, n.º 4.

GENDARMERIE D'ÉLITE.

M. le Baron LECLERC DOSTEIN ; chez M.

ARTILLERIE.

M. le Baron LAFONT, Maréchal de Camp,,   chez M. CHARBONNEAU-DESMOULINS, rue du Barbâtre.

M. le Comte DE CARAMAN, Colonel,   chez M. GOULET-GUÉRIN.

ÉTAT-MAJOR-GÉNÉRAL DE LA 2.me DIVISION.

M. le Comte LION, Lieutenant-Général, Commandant la Division,   chez M. LEGRAND–ENGELS, rue du Marc, n.o 4.

M. PIQUET DU BOISGUY, Maréchal de Camp, Commandant la Place de Reims,   chez M. BALOT, rue Salin.

INFANTERIE.

M. le Général DELCAMBRE, Commandant l'Infanterie de la Ligne,   chez M. GOULET-GUÉRIN, rue du Barbâtre, n.o 162.

CAVALERIE.

M. le Général WATHIER, Commandant la Cavalerie de la Ligne,   chez M. THIBROT-LALLEMANT, rue du Barbâtre, n.o 1.

DIRECTION GÉNÉRALE DES POSTES.

M. le Comte DE LA PRUNARÈDE, chargé du soin du Sacre,   A la Poste aux Chevaux, faubourg Cérès,

DE BONGARS, Inspecteur des Voyages de la Cour,   chez M. BAUDET, rue du faub. Cérès, n.o 77.

POSTE DE LA COUR.

M. le Marquis DE RANTY, Directeur,   rue de la Poissonnerie, n.o 15.

Reims, Imprimerie de REGNIER.

ERRATA ET OMISSIONS.

Page 77, *lignes* 13 *et* 14. — Se rend à son confessional, derrière l'autel, *Lisez* Se rend à son confessional, placé assez près de l'autel, un peu en arrière et à gauche.

Page 83, *ligne* 4. — Cependant on donnoit à l'hôtel de ville des repas... *Lisez* Cependant on donnoit des repas à l'hôtel de ville, à l'hôtel de la préfecture et au grand séminaire. Ceux de l'hôtel de ville étoient de cent cinquante couverts.....

Page 100, *lignes* 4 *et* 5. — Dans une plaine spacieuse, baignée d'un côté par les eaux de la Vesle, étoit assis un camp..... *Lisez* Dans une plaine spacieuse, située entre le vieux chemin de Châlons et le canal de la rivière Neuve, étoit assis un camp.....

Page 122, *ligne* 24. — *Après ces mots* tribunal civil, *ajoutez la phrase suivante* : Ce procès-verbal est relaté en entier dans l'ouvrage de M. Dérodé, indiqué ci-dessus, page 117.

Page 123, *ligne* 24. — Au-dessus de la maison.... *Lisez* au-dessus de la porte de la maison.

Page 149, *ligne* 7. — Gaschon, Procureur du Roi; Assy-Villain, Adjoint au Maire; Maillefer..... *Lisez* Gaschon, Procureur du Roi; Assy-Villain, Adjoint au Maire; l'abbé Legros, Proviseur du collége royal; Maillefer.....

www.ingramcontent.com/pod-product-compliance
Ingram Content Group UK Ltd.
Pitfield, Milton Keynes, MK11 3LW, UK
UKHW022220120726
13694UKWH00002B/622